Frohes Lernen 3

Arbeitsheft VA

Autorinnen:
Eva Brehm
Miriam Gottschalk
Madeleine Kreller
Julia Schwarzer
Sonja Senst

Beratung:
Beate Eckert-Kalthoff

Ernst Klett Verlag
Stuttgart · Leipzig · Dortmund

Inhalt

Nomen

> **Nomen** bezeichnen Menschen, Tiere, Pflanzen oder Dinge.
> Wir schreiben sie groß. Nomen können in der Einzahl oder in der Mehrzahl
> stehen. Nomen werden von einem bestimmten Artikel oder
> einem unbestimmten Artikel begleitet: *der – ein, die – eine, das – ein.*

1 Welche Wörter sind Nomen? Markiere sie.
Schreibe sie mit dem bestimmten Artikel auf.

| HELFEN | KINDER | WEICH | HEFT | STUHL |

die Kinder,

| KLASSE | SPIELEN | SCHERE | BLAU | RADIERGUMMI |

2 Trage die Nomen mit dem bestimmten Artikel in die Tabelle ein.
Ergänze die Einzahl oder die Mehrzahl.

Einzahl	Mehrzahl
der Schrank	
	die Uhren

3 Ergänze zwei eigene Nomen in der Tabelle.

Verben

> ☼ Wörter, die sagen, was Personen, Tiere, Pflanzen und Dinge tun, heißen **Verben**.
> Verben stehen in der Grundform: *spielen* oder in der Personalform:
> *ich spiele, du spielst, er/sie/es spielt, wir spielen, ihr spielt, sie spielen.*

1 Setze die Verben in der richtigen Personalform ein.

| landen | werfen | üben | rennen |

Auf dem Sportplatz

Ali und Sinan _____ um die Wette.

Ole _____ den Hochsprung.

Emma _____ in der Sprunggrube auf dem Po.

Wir _____ den Ball so weit wir können.

2 Trage die fehlenden Wörter in die Tabelle ein.

	springen	rennen	werfen
ich	springe		
		rennst	
er/sie/es			wirft
wir			
			werft
		rennen	

3 Schreibe das Verb **üben** in allen Personalformen auf.

_____

_____

_____

Adjektive

> ✳ **Adjektive** beschreiben, wie etwas ist oder aussieht.
> Wenn Adjektive vor Nomen stehen, verändert sich ihre Endung:
> *alt – die alten Tiere, braun – der braune Hund.*

1 Kreise alle Adjektive ein.

| SPRECHEN | HUND | MÜDE | STERN | LECKER | FLASCHE |

| WASCHEN | BUNT | KALT | HAND | FREUNDLICH | UND |

2 Setze die Adjektive aus Aufgabe 1 richtig ein.

Ayla malt ein _____ Bild.   Die _____ Kinder schlafen.

Opa backt _____ Kekse.   Heute ist ein _____ Herbsttag.

Kinder wünschen sich _____ Lehrer und Lehrerinnen.

3 Lies den Steckbrief. Zeichne das Monster.

Name: Monster Manni
Augen: grün
Ohren: rot
Krallen: spitz
Fell: gelb und kuschelig
Besonderheiten: grüne Zunge

4 Beschreibe Monster Manni in ganzen Sätzen.

Monster Manni hat grüne

_____

_____

_____

Silben schwingen ⌣

> In jeder Silbe gibt es einen Vokal, Umlaut oder Zwielaut (Diphthong).
> *Boden, gehören, heute, …*

1 Bilde aus den Silben Wörter.

| Au | Bürs | Fahr | Last | Beu | Schlit |

| rä | wa |

| ten | der | to | gen | le | te |

Auto, _____

_____

2 Zeichne die Silbenbögen. Markiere die Vokale, Umlaute und Zwielaute.

Groß oder klein? (Aa?)

> Nomen und Satzanfänge schreibe ich groß.
> *Das Mädchen spielt mit einer Katze.*

3 Groß oder klein? Setze richtig ein.

T oder **t**?	___elefon	___euer	___iger	___aub
P oder **p**?	___latz	___izza	___ony	___einlich
D oder **d**?	___elfin	___reckig	___ecke	___urstig

4 Verbessere die Satzanfänge und die Nomen.

H̶eute spielen lisa und emil pirat. sie bauen ein piratenschiff.

am steuerrad steht lisa. emil schaut durch das fernrohr.

Verlängern ↪

> Wenn ich nicht weiß, ob am Wortende **b** oder **p**, **d** oder **t**, **g** oder **k** geschrieben wird, verlängere ich das Wort.
> *Korb/p?*   *Körbe → Korb*   *witzig/k?*   *witzige → witzig*

1 Verlängere die Nomen. Setze **b/p**, **d/t** oder **g/k** richtig ein und markiere.

der Kor_**b**_   *die Körbe*   das Kal___   _____

das Mikrosko___   _____   der Die___   _____

der Ber___   _____   die Ban___   _____

der Schran___   _____   der Ta___   _____

das Pfer___   _____   das Schil___   _____

das Zel___   _____   das Bro___   _____

2 Verlängere die Adjektive. Setze **b/p**, **d/t** oder **g/k** richtig ein und markiere.

b oder **p**?   lie___   gel___   trü___   hal___

d oder **t**?   wil___   bun___   frem___   run___

g oder **k**?   klu___   star___   muti___   kran___

der wil**d**e Tiger

3 Verlängere die Wörter und schreibe sie auf. Ergänze **b**, **d** oder **g** am Wortende. Setze die Wörter in die Sätze ein.

gesun___   –   _____   →   Sport ist _____.

gifti___   –   _____   →   Der Pilz ist _____.

die Wan___ –   _____   →   Die _____ ist weiß.

der Zu___ –   _____   →   Der _____ fährt schnell.

der Kor___ –   _____   →   Im _____ sind Nüsse.

Ableiten ⚡

Ein Wort wird mit **ä** oder **äu** geschrieben, wenn es ein verwandtes Wort mit **a** oder **au** gibt.

Bä/elle? Ball → Bälle   *Mäu/euse? Maus → Mäuse*

○ **1** Verbinde die verwandten Wörter.

schlafen ●	● sie fährt
laufen ●	● er schläft
fahren ●	● sie läuft

das Haus ●	● gefährlich
die Gefahr ●	● quälen
die Qual ●	● die Häuser

○ **2** Schreibe die verwandten Wörter auf. Markiere **ä/a** oder **äu/au**.

schlafen – er schläft,

● **3** Gibt es ein verwandtes Wort mit **a** oder **au**? Prüfe und trage dann **ä**, **e**, **äu** oder **eu** ein.

das R_ä_tsel   *raten*   r_____men   _____

l____cheln   _____   tr_____men   _____

kr____ftig   _____   der R _____ber   _____

die B____tten   _____   der _____ro   _____

die Pf____rde   _____   der T____fel   _____

◔ **4** 👥👥 Kontrolliert gemeinsam eure Wörter aus Aufgabe 3.

Fehlertexte überarbeiten

1 Berichtige die falsch geschriebenen Wörter. Schreibe sie richtig daneben.
Markiere die berichtigte Stelle.

Die dritte Klasse macht einen <u>wettbewerb</u>.

Jedes <u>Kint</u> malt einen Traum-Pausenhof.

Bei Jan steht eine <u>grose</u> Röhrenrutsche.

Sophie malt ein <u>Schwmmbad</u>.

Auf Mesuts Bild verkauft Benno <u>Wafeln</u>.

Tilda malt bunte <u>Belle</u>.

2 Markiere die falsch geschriebenen Wörter.
Schreibe sie richtig daneben.

Es sind 6 Fehler.

Heute ist die Klase in der Stadt.

die Kinder besuchen ein Museum.

Die lehrerin zeigt ihnen viele Bilder

und stellt Retselfragen.

Julia mag das Bild mit dem Pfert.

Enno kauft sich im Mseumsladen eine Postkarte.

3 Welche Strategien helfen dir, die Wörter richtig zu schreiben?
Zeichne das passende Strategiesymbol über jedes falsch geschriebene Wort.

4 Schreibe den Text aus Aufgabe 2 richtig auf.
Du kannst auch mit dem Computer schreiben.

Satzarten

 Es gibt verschiedene Satzarten und Satzzeichen.
Am Ende eines **Aussagesatzes** steht ein **Punkt**:
Lilo putzt die Tafel.
Am Ende eines **Fragesatzes** steht ein **Fragezeichen**:
Wer putzt die Tafel?
Nach einem **Ausruf** oder **Aufforderungssatz** steht ein **Ausrufezeichen**:
Toll! Putz endlich die Tafel!

1 Markiere Aussagesätze grün, Fragesätze blau und Aufforderungssätze rot.

Ich muss mich beeilen.

Die Schule beginnt.

Stopp, fass mich nicht an!

Halt, bitte warte auf mich!

Wollen wir zusammen zur Schule laufen?

2 Setze die fehlenden Satzzeichen ein.

Ayla und Emma ärgern sich_____

Ayla schimpft: „So ein Pech_____ Immer gewinnen die anderen beim Brennball_____"

Timo schreit: „Das ist gemein_____"

Emma fragt: „Was können wir tun, um zu gewinnen_____"

3 Bilde aus den Aussagesätzen Fragesätze oder Aufforderungssätze.

Lotta erklärt ihrem Freund die Aufgabe.

Erklärt Lotta  ?

Ben putzt die Tafel.

Pia ist pünktlich in der Schule.

Wörter nach dem Alphabet ordnen

A ○ **1** Nummeriere in jeder Zeile die Wörter nach dem Alphabet. Schreibe sie geordnet auf.

B

C

| ☐ Zorn | ☐ Stress | ☐ lustig | ☐ wütend |

D _____

E

| ☐ Panik | ☐ einsam | ☐ stolz | ☐ Feder |

F

G _____

H ◔ **2** Nummeriere in jeder Zeile die Wörter nach dem Alphabet.

I Schreibe sie geordnet auf.

J

> Wenn die Anfangsbuchstaben gleich sind, ordne ich nach dem nächsten Buchstaben.

K

| 1 Pause | ☐ Punkt | ☐ plötzlich | ☐ Pferd |

L

M _____

N

| ☐ kleben | ☐ Klasse | ☐ klopfen | ☐ klug |

O

P _____

Q

| ☐ zerreißen | ☐ zertrampeln | ☐ zerkleinern | ☐ zerbrechen |

R

_____

S

T ● **3** Setze das passende Wort in die Lücke ein.

U

| Herr | Gans | Clown | ~~Quark~~ | Watte | Uhr | Star | Bauer |

V

W Preis _Quark_ Rad   Verein _____ Weltall

X Brett _____ Delfin   Arm _____ Baum

Y Ferkel _____ Gummi   Tempel _____ Wald

Z Stadion _____ Stau   Haus _____ Himmel

Im Wörterbuch nachschlagen

> Nomen in der Einzahl suchen: *die Vögel – der Vogel*
> Zusammengesetzte Nomen zerlegen: *der Blumentopf – die Blume + der Topf*
> Verben in der Grundform suchen: *er steht – stehen*
> Adjektive in der Grundform suchen: *größer – groß*

1 Auf welcher Seite im Wörterbuch beginnt das erste Wort mit diesem Buchstaben?
Notiere die Seitenzahl.

K *Seite* _____   **C** *Seite* _____   **Q** *Seite* _____   **E** *Seite* _____   **S** *Seite* _____

2 Suche die Wörter im Wörterbuch. Notiere die Seitenzahl.

kehren *Seite* _____   Beet *Seite* _____   Termin *Seite* _____   ordnen *Seite* _____

Fahrt *Seite* _____   Zwerg *Seite* _____   Delfin *Seite* _____   Affe *Seite* _____

3 Zerlege die zusammengesetzten Nomen. Suche sie im Wörterbuch.
Notiere die Seitenzahlen.

Zimmertür: *das Zimmer (S.   ) + die Tür (S.   )*

Apfelkuchen: _____

Schifffahrt: _____

Wintertag: _____

4 Schreibe die markierten Wörter auf. Suche die Einzahl oder Grundform
und schreibe sie auf. Ergänze die Seitenzahl.

Emma **liest** ein **spannendes** Buch. Plötzlich landen zwei **weiche Bälle** neben ihr.
Nanu, wer war das? Sie sieht nach unten zu den **Hecken**. Tam steht da und grinst.

_____

_____

_____

A
B
C
D
E
F
G
H
I
J
K
L
M
N
O
P
Q
R
S
T
U
V
W
X
Y
Z

>> SB S. 23

1 Sortiere die Wörter und trage sie richtig in die Tabelle ein.

| BERG | ERZÄHLEN | SPITZ | DRECKIG | STRAND | STEIGEN |

| ALT | KAUFEN | MASCHINE | FREUNDLICH | GEBEN | RAD |

Nomen	Verben	Adjektive

2 Schreibe die Nomen mit dem bestimmten Artikel auf.
Ergänze die Mehrzahl.

	Einzahl	Mehrzahl

3 Setze die Adjektive passend ein.

Der Tisch ist lang.   Es ist ein _____ Tisch.

Die Klasse ist groß.   Es ist eine _____ Klasse.

Das Spiel ist schön.   Es ist ein _____ Spiel.

Die Party ist toll.   Es ist eine _____ Party.

	😀	🙂	😐	🙁
1 Ich kann Nomen, Verben und Adjektive erkennen.				
2 Ich kann Nomen in die Mehrzahl setzen.				
3 Ich kann Adjektive passend zum Nomen verwenden.				

4 Setze die passenden Satzzeichen ein.

Die Kinder spielen Fußball____ Mehmet schießt und ruft: „Tor____"

Carla fragt: „War das wirklich ein Tor____"

5 Welche Strategie hilft dir, die markierten Wörter richtig zu schreiben?
Zeichne das passende Strategiesymbol und schreibe das Wort richtig auf.

Ein <mark>großr</mark> Bauernhof brennt.

Die Feuerwehr <mark>kempft</mark> gegen die Flammen.

Alle <mark>tiere</mark> werden gerettet.

Am Abend ist der <mark>Brant</mark> gelöscht.

6 Nummeriere in jeder Zeile die Wörter nach dem Alphabet. Schreibe sie geordnet auf.

| | Zwerg | | Ast | | Wolke | | Computer |

| | Katze | | Kartoffel | | Kaffee | | Kamm |

7 Suche die Wörter im Wörterbuch oder in der Wörterliste. Notiere die Seitenzahl.

Höhle *Seite* _____   Brot *Seite* _____   schwarz *Seite* _____   Pfütze *Seite* _____

	☺	☺	😐	☹
4 Ich kann Satzzeichen passend einsetzen.				
5 Ich kann Rechtschreibstrategien nutzen, um Fehler zu verbessern.				
6 Ich kann Wörter nach dem Alphabet ordnen.				
7 Ich kann Wörter im Wörterbuch nachschlagen.				

Ein Rezept ordnen

1 Suche den passenden Text zum Bild. Trage die richtige Nummer ein.

1

☐ Danach schneide ich den Schnittlauch klein.

☐ Jetzt bestreiche ich die Brotscheiben damit.

2

3

☐ Zuerst mische ich den Quark und den Joghurt in der Schüssel. Dann gebe ich etwas Salz und Pfeffer dazu.

☐ Zuletzt streue ich den Schnittlauch über das Brot.

4

5

☐ Ich brauche: eine Schüssel, einen Löffel, ein Messer, ein Brettchen, eine Packung Quark, einen Becher Joghurt, ein Bund Schnittlauch, Salz und Pfeffer, Brot.

2 Markiere die Satzanfänge.

3 Schreibe das Rezept in der richtigen Reihenfolge auf. Denke dir für den Schluss einen passenden Tipp aus. Du kannst auch mit dem Computer schreiben.

Probiert das Rezept einmal aus.

4 Vergleicht eure Rezepte aus Aufgabe 3.

Ein Rezept für Käsestangen schreiben

1 👥👥 Seht euch die Bilder an. Benennt die Arbeitsschritte 1 bis 6.

Schinkenwürfel

Backpapier

BLÄTTERTEIG

REIBE KÄSE

geriebener Käse

1

2

3

4

5

6

2 Welche Geräte und Zutaten werden benötigt? Schreibe auf.

Geräte:

Zutaten:

3 📝 Schreibe das Rezept in der richtigen Reihenfolge auf.
Verwende passende Satzanfänge. Du kannst auch mit dem Computer schreiben.

• Käse und Schinkenwürfel gleichmäßig auf den Streifen verteilen
• Blätterteig in ca. 10 cm lange und 2 cm breite Streifen schneiden
• Blech für ca. 10 bis 12 Minuten in den Backofen schieben
• Backblech mit Backpapier auslegen
• Backofen auf 200 Grad vorheizen
• Blätterteigstreifen auf Backblech legen

Nomen für Gefühle und Gedanken (Aa?)

 Wörter, die Gefühle oder Gedanken bezeichnen, sind **Nomen**.
Wir schreiben sie groß: der Schmerz, das Glück, …

1 Markiere alle sechs Nomen für Gefühle.

Tim und Tom wandern mit viel Begeisterung.
Mit dem Wetter haben sie großes Glück.
Die Ruhe genießen beide sehr.
Tom knurrt der Magen vor Hunger.
Außerdem hat er Durst.
Tim hat Mitleid mit ihm und teilt sein Brot.

2 Was fühlt Milan? Schreibe neben jedes Bild das passende Nomen mit Artikel.

| Wut | Freude | Trauer |

Milan hat ein Tor geschossen.

Milan hat seinen Fußball verloren.

Milan wird gefoult.

3 Welche Wörter sind Nomen? Kreise ein.

| VORSICHTIG | MUT | WÜTEND | NOCH | FRIEDLICH | ANGST |

| LAUFEN | DRECKIG | FURCHT | LIEBEVOLL | GEHEIMNIS |

4 Schreibe die Adjektive aus Aufgabe 3 mit einem verwandten Nomen auf.

vorsichtig – die Vorsicht,

Zusammengesetzte Nomen

> **Zusammengesetzte Nomen** setzen sich aus einem Bestimmungswort
> und einem Grundwort zusammen.
> Das Bestimmungswort beschreibt das Grundwort genauer.
> Der Artikel richtet sich immer nach dem Grundwort.
>
> *die Hand*   +   *der Ball*   = *der Handball*
>
> Bestimmungswort   Grundwort
>
> Manchmal fällt ein Buchstabe weg: *das Schul(e)ende* oder es werden
> Fugenelemente eingefügt: *das Wochenende, das Ausflugsziel.*

1   Zerlege die zusammengesetzten Nomen.

die Seilbahn: *das Seil +*

der Stundenplan: *die Stunde + n +*

das Mauseloch:

der Geburtstagskalender:

2   Bilde zusammengesetzte Nomen. Schreibe sie mit dem bestimmten Artikel auf.
Schreibe so: *die Woche + der Tag = der Wochentag*

| Woche | Schule | Einladung | Kirsche |

| Tag | Kern | Bus | Karte |

3   Erfinde eine Wörterkette mit zusammengesetzten Nomen.
Schreibe so: *Türschloss, Schloss…*

Nomen mit Adjektiven und Verben zusammensetzen

Auch aus Verben und Nomen oder Adjektiven und Nomen können wir **zusammengesetzte Nomen** bilden. Das Grundwort legt dabei die Wortart fest. Das Verb oder Adjektiv ist somit das Bestimmungswort.

sprechen + die Stunde = die Sprechstunde

hoch + das Haus = das Hochhaus

Bestimmungswort   Grundwort

○ **1** Markiere die sechs zusammengesetzten Nomen.

Timo und Marek eilen mit der Kühltasche den Weg entlang.
Sie wollen zum Kletterpark. Dort gibt es eine Hängebrücke.
Plötzlich überholt Carla die beiden mit ihrem Rennrad.
Nils wartet schon mit seinem Tretroller am Eingang.
Oben in den Bäumen ist ein Buntspecht zu hören.

○ **2** Zerlege die zusammengesetzten Nomen aus Aufgabe 1.

die Kühltasche: kühl +

○ **3** Bilde zusammengesetzte Nomen. Schreibe sie mit dem bestimmten Artikel auf.

~~laufen~~	hoch	schlafen	rund	tanzen
Sprung	Fahrt	Anzug	Schuhe	~~Bahn~~

die Laufbahn,

Wörter mit Pf/pf

Hier kannst du Wörter mit Pf/pf noch einmal üben.

1 Ergänze **Pf** oder **pf**. Trage die Wörter in der Einzahl und der Mehrzahl in die Tabelle ein. Markiere **Pf/pf**.

die Ä____el   die Hunde____oten   die Zö____e   der ____irsich   die To____ ____lanze

Einzahl	Mehrzahl
	die Äpfel

2 **F/f** oder **Pf/pf**? Setze richtig ein.

das ____lugzeug   der ____au   ____üllen   der ____üller   ____legen   die ____eife

3 Ergänze das gesuchte Wort mit **Pf/pf**.

Kartoffeln kann ich in einer _____ braten.

Bei einer Erkältung hat man oft einen _____.

In einem _____ koche ich Suppe.

Ich brauche ein _____, weil ich blute.

4 Die Silben sind durcheinandergeraten. Schreibe die Wörter richtig auf.

Tan fen zap nen   klop an fen   tel fe Man knöp

_____   _____   _____

pfos ten Tor   schimp be fen   men ku chen Pflau

_____   _____   _____

1 Lies das Rezept für Pommes frites. Nummeriere die Schritte in der richtigen Reihenfolge.

☐ Kartoffelscheiben in 1 cm dicke Streifen schneiden

☐ Kartoffelstifte in Schüssel schütten

☐ Pommes frites auf ein Backblech mit Backpapier legen

☐ 35 Minuten bei 200°C im Backofen backen

☐ Kartoffeln schälen

☐ gut vermengen

☐ Öl und Salz hinzufügen

☐ Kartoffeln in 1cm dicke Scheiben schneiden

2 Schreibe die Nomen für Gefühle und Gedanken mit dem bestimmten Artikel auf.

| Feuer | Mut | Ärger | Mund | Freundschaft | Spinnennetz | Idee |

_____

_____

3 Schreibe die Nomen mit Artikel auf.

_____	_____	_____	_____

📖👉	😃	🙂	😐	🙁
1 Ich kann ein Rezept in der richtigen Reihenfolge ordnen.				
2 Ich erkenne Nomen für Gedanken und Gefühle.				
3 Ich kann Wörter mit **Pf/pf** und **F/f** unterscheiden.				

4 Zerlege die zusammengesetzten Nomen.

der Apfelsaft: _____

das Schulheft: _____

die Gartenbank _____

5 Bilde zusammengesetzte Nomen.
Schreibe sie mit dem bestimmten Artikel auf.

Hase	Schild		Treppe	Kerze
Straße	Stall		Geburtstag	Stufe

_____

_____

6 Bilde zusammengesetzte Nomen mit Verben und Adjektiven.
Schreibe sie mit dem bestimmten Artikel auf.

husten	spielen	sitzen		Platz	Kissen	Saft
klein	bunt	kühl		Stift	Kind	Schrank

_____

_____

📖👆	😄	🙂	😐	🙁
4 Ich kann zusammengesetzte Nomen zerlegen.				
5 Ich kann zusammengesetzte Nomen bilden.				
6 Ich kann Nomen mit Verben und Adjektiven passend zusammensetzen.				

Wortfamilie und Wortstamm

> Wörter bestehen aus Wortbausteinen.
> Der wichtigste **Wortbaustein** ist der **Wortstamm**.
> Wörter mit gleichem oder ähnlichem Wortstamm gehören zu einer **Wortfamilie**:
> lesen, Lesebuch, vorlesen, Lesung, ...

1 Markiere alle Wörter einer Wortfamilie in derselben Farbe.

| rennen | klären | Wettrennen | Ruhe | Klarheit | Feuerwehr |

| klar | ruhig | anfeuern | beruhigen | feurig | Rennfahrer |

2 Schreibe die Wörter von Aufgabe 1 geordnet auf.
Markiere den gemeinsamen Wortstamm.

-renn-: *rennen,*

-feuer-:

-ruh-:

-klar-:

3 Streiche in jeder Spalte das Wort durch, das nicht zur Wortfamilie gehört.
Markiere den gemeinsamen Wortstamm.

Liebe	Nachspiel	Dreieck	Freunde	Lachs
verliebt	speisen	Versteck	freundlich	lachen
lieben	spielerisch	Ecke	Freude	auslachen
~~sieben~~	Spieler	eckig	Freundschaft	Lachanfall
-lieb-				

4 Schreibe den gemeinsamen Wortstamm in Aufgabe 3 auf.

Gegenwart und 1. Vergangenheit

☀ Verben geben an, in welcher Zeit etwas geschieht.
Wenn etwas jetzt passiert, steht das Verb in der **Gegenwart**: *sie schlendert*.
Passierte etwas früher, steht das Verb in der **1. Vergangenheit**: *sie schlenderte*.
Gegenwart und 1. Vergangenheit sind **Zeitformen**.

1 Schreibe zu den Grundformen die er-Form in der Gegenwart und
in der 1. Vergangenheit auf.

warten   *er wartet, er wartete*

zeigen

erzählen

2 Ergänze die fehlenden Personalformen.

Gegenwart	1. Vergangenheit
wir spielen	*wir*
sie	*sie lachte*
wir lieben	*wir*
sie	*sie malte*
wir	*wir suchten*
sie kocht	*sie*

3 Setze passende Verben aus Aufgabe 1 und 2 in der richtigen Zeitform ein.

Heute _____ Rasmus Bilder aus seiner Kindergartenzeit.

Damals _____ er viel im Sandkasten und _____ tolle Bilder.

Rasmus _____ die Kindergärtnerin,

weil sie immer _____ .

Die Köchin _____ oft Nudeln

mit Tomatensoße.

>> SB S. 43   25

Verben in der 1. Vergangenheit

Bei den meisten Verben bleibt in der 1. Vergangenheit der Wortstamm gleich, nur die Endung ändert sich:
fragen – ich fragte, wir fragten.
Bei manchen Verben verändert sich in der 1. Vergangenheit auch der Wortstamm:
schreiben – ich schrieb, wir schrieben.

1 Welche Verbformen gehören zusammen? Verbinde.

| sie kehrt | du schläfst | ihr steht | sie rechnen |

| sie rechneten | du schliefst | sie kehrte | ihr standet |

2 Markiere in den Verben von Aufgabe 1 den Wortstamm und die Endungen unterschiedlich.

3 Ergänze die Personalformen der Verben in der 1. Vergangenheit.

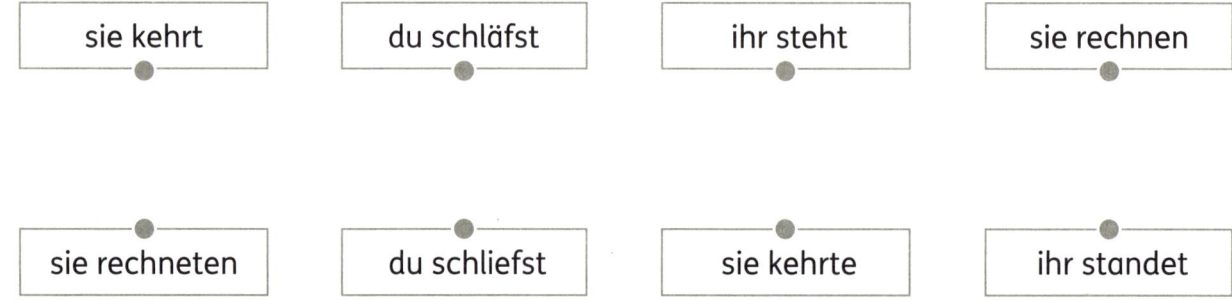

arbeiten	sitzen
ich	ich
du	du
er / sie / es	er / sie / es
wir	wir
ihr	ihr saßt
sie arbeiteten	sie

4 Markiere in den Verben von Aufgabe 3 den Wortstamm und die Endungen unterschiedlich.

5 Schreibe mit Verben dieser Seite Sätze in der 1. Vergangenheit.

Konsonanten nach kurzem Vokal ⌣

> ☀ Auf einen kurz gesprochenen Vokal folgen meist zwei Konsonanten.
> Wenn wir nur einen Konsonanten hören, wird er verdoppelt:
> das Zimmer, die Butter, ...

1 Ergänze den fehlenden Doppelkonsonanten.

Es ist So_____er und die So_____e scheint. Leider mu_____ Tam im Be_____

bleiben. Sie ist krank. Ihr Vater bringt ihr einen Te_____er Karto_____elsu_____e

und eine Ta_____e Tee. Tam so_____ etwas e_____en.

2 Schreibe ein passendes Reimwort in Silben getrennt auf.

die Son-ne   –   *die Ton-ne*   die Step-pe   –   _____

das Wis-sen –   _____   die Sup-pe   –   _____

die Stel-le   –   _____   die Schwäm-me –   _____

die Küs-se   –   _____   die But-ter   –   _____

3 Markiere in den Wörtern in Aufgabe 2 den kurz gesprochenen Laut.
Umkreise den doppelten Konsonanten.

4 Trenne die Wörter durch Striche voneinander.

QUARKBALKENSCHINKENHOLZSCHWANZSCHERZ

> Achte auf die Groß- und Kleinschreibung.

5 Schreibe die Wörter aus Aufgabe 4 mit dem bestimmten Artikel geordnet auf.
Markiere **lk, nk, rk, lz, nz, rz**.

rk: _____   lk: _____   nk: _____

nz: _____   lz: _____   rz: _____

Wörter mit ck und tz

> Hören wir nach einem kurz gesprochenen Vokal oder Umlaut ein z, schreiben wir meist **tz**: der Blitz, flitzen, spitz, …
>
> Hören wir nach einem kurz gesprochenen Vokal oder Umlaut ein k, schreiben wir meist **ck**.
>
> Am Zeilenende wird **ck** nicht getrennt: die Brü-cke, schme-cken, le-cker, …

1 Markiere alle Wörter einer Wortfamilie in derselben Farbe.

Witze	blitzen	kratzen	spitzen
Kratzer	witzig	Blitze	Spitze

2 Schreibe die Wortpaare aus Aufgabe 1 in Silben getrennt auf.
Markiere den kurz gesprochenen Vokal.

Wit-ze — wit-zig,

3 Markiere die Verben mit **ck**.

Es sind 8 Wörter.

S	T	I	C	K	E	N	K	W	E	C	K	E	N	N	P	Q	W	S	T
V	E	R	S	T	E	C	K	E	N	W	R	B	A	C	K	E	N	P	W
Q	Y	C	V	D	R	U	C	K	E	N	K	J	S	T	E	C	K	E	N
S	D	F	M	E	C	K	E	R	N	T	R	F	Z	L	E	C	K	E	N

4 Schreibe die Verben aus Aufgabe 3 in Silben getrennt auf.
Markiere den kurz gesprochenen Vokal.

sti-cken,

5  Schreibe Sätze mit ck-Wörtern. *Die Schnecke hat Flecken.*

Stichwörter

 Ein **Stichwort** ist nur ein Wort oder eine Wortgruppe, aber kein Satz. Mit Stichwörtern können die wichtigsten Informationen zusammengefasst und kurz notiert werden.

1 Lies den Text.

Poesiealbum

Viele Kinder hatten früher ein Poesiealbum.
Ein Poesiealbum war ein kleines,
meist quadratisches Buch mit weißen Seiten.
Andere Kinder, Eltern, Verwandte, Lehrer
und Lehrerinnen trugen hier kleine Reime
oder Gedichte ein.
Die Seiten wurden oft mit Bildern, Fotos,
Zeichnungen oder Glanzbildern verziert.
Zum Schluss schrieb der Verfasser seinen Namen und das Datum dazu.
So hatte der Besitzer später eine schöne Erinnerung an alle Menschen,
die in seiner Kindheit wichtig waren.

2 Welcher Zettel ist ein Stichwortzettel? Kreuze an.

Poesiealbum

- kleines, meist quadratisches Buch
- weiße Seiten
- Kinder, Eltern, Verwandte, Lehrer
- Reime oder Gedichte
- Seiten verziert
- Bilder, Fotos, Zeichnungen oder Glanzbilder
- Name und Datum
- Erinnerung

☐

Poesiealbum

- Kinder hatten früher ein Poesiealbum
- Poesiealbum war ein kleines, meist quadratisches Buch mit weißen Seiten
- Andere Kinder, Eltern oder Verwandte und Lehrer trugen kleine Reime oder Gedichte ein.

☐

3 Suche die Stichwörter vom richtigen Stichwortzettel aus Aufgabe 2 im Text oben. Markiere sie im Text.

>> SB S. 50/51 **29**

4 Lies den Text. Markiere die wichtigsten Informationen.

Kleidung früher

Vor 100 Jahren trugen die Kinder andere Kleidung als heute.
Feine Kleidung wurde nur sonntags oder an Feiertagen zur Kirche getragen.
Im Alltag trugen die Mädchen einfache Kleider mit einer Schürze.
Das war praktisch, weil man die Schürze gut waschen konnte.
Jungen trugen oft knielange Hosen mit Hosenträgern.
Da die Hosen oben sehr weit geschnitten waren, konnte man sie lange tragen.
Meist strickte die Mutter den Kindern Westen, Pullover und warme Socken.

5 Schreibe die wichtigsten Informationen in Stichwörtern auf.

6 Erzählt euch gegenseitig den Text aus Aufgabe 4.
Nutzt eure Stichwörter aus Aufgabe 5.

1 Markiere den gemeinsamen Wortstamm der Wörter.

| rechnen | Rechnung | Taschenrechner | abrechnen |

2 Schreibe verwandte Wörter zu den drei Wortstämmen.

-koch-: _____

-mal-: _____

-putz-: _____

3 Ergänze die Personalformen der Verben.

Grundform	Gegenwart	1. Vergangenheit
hören	ich	ich
finden	er	er
turnen	wir	wir

4 Schreibe die Sätze in der 1. Vergangenheit auf.

Mesut rennt zum Spielplatz. Dort tobt er mit seinen Freunden.

_____

_____

	😄	🙂	😐	☹️
1 Ich erkenne den Wortstamm einer Wortfamilie.				
2 Ich kann Wörter einer Wortfamilie finden.				
3 Ich kann Verben in die 1. Vergangenheit setzen.				
4 Ich kann Sätze in der 1. Vergangenheit schreiben.				

○ **5** Sprich und schwinge die Wörter deutlich. Wird der Vokal in der ersten Silbe lang (_) oder kurz (.) gesprochen? Markiere.

| Sommer | Tasse | Tüte | Besen | Keller | Matte | Leben | Datum |

6 Schreibe die Nomen mit Artikel auf.

_____   _____   _____   _____

7 Setze **tz** oder **z** richtig ein.

die Mü____e   das Sal____   der Pla____   die Ker____e   die Ri____e

8 Schreibe die Wörter in Silben getrennt auf.

| spucken | Jacke | witzig | flitzen | trocken | Hitze |

_____

_____

📖👆	😃	🙂	😐	🙁
5 Ich kann lange und kurze Vokale erkennen.				
6 Ich kann Wörter mit kurzem Vokal vor **l**, **n**, **r** richtig aufschreiben.				
7 Ich kann Wörter mit **tz** richtig schreiben.				
8 Ich kann Wörter mit **tz** und **ck** in Silben trennen.				

Wörtliche Rede

 Was jemand sagt, heißt **wörtliche Rede**.
Der **Redebegleitsatz** sagt uns, wer etwas sagt und wie es gesagt wird.
Die Königin fragt: „Wer ist die Schönste im Land?"

Redebegleitsatz   wörtliche Rede

1 Welche Märchenfigur spricht welchen Satz? Verbinde.

Die guten ins Töpfchen,
die schlechten ins Kröpfchen.

Was rumpelt und pumpelt
in meinem Bauch herum?

Rapunzel, Rapunzel,
lass dein Haar herunter!

2 Markiere den Redebegleitsatz und die wörtliche Rede unterschiedlich.

Der Zwerg sagt: „Heute bleibe ich zu Hause."

Der Riese erzählt: „Früher hatten die Menschen Angst vor mir."

Die Fee fragt: „Darf ich dir einen Wunsch erfüllen?"

3 Schreibe die wörtliche Rede mit Begleitsatz auf.
Verwende unterschiedliche Verben für **sagen**.

Ich liebe
Honig.

Hier ist deine Kugel.

Anführungszeichen

> ☀ Die wörtliche Rede steht zwischen **Anführungszeichen**.
> Wenn der Redebegleitsatz vor der wörtlichen Rede steht, folgt ein Doppelpunkt.
>
> *Der Zwerg sagt:* „Jemand hat aus meinem Gläschen getrunken."
>
> Redebegleitsatz Doppelpunkt Anführungszeichen wörtliche Rede Anführungszeichen

○ **1** Ergänze die Doppelpunkte und Anführungszeichen.

Der Zauberer murmelt___ ___Abrakadabra,

dreimal schwarzer Kater.___

Rumpelstilzchen jubelt___ ___Gut, dass niemand weiß,

dass ich Rumpelstilzchen heiß!___

Schneewittchen fragt___ ___Darf ich bei euch

lieben Zwergen bleiben?___

○ **2** Markiere in Aufgabe 1 den Redebegleitsatz und die wörtliche Rede unterschiedlich.

● **3** Schreibe die wörtliche Rede der Märchenfiguren mit Redebegleitsatz auf.
Verwende passende Wörter für **sagen**.
Schreibe so: *Der Frosch quakt: „Prinzessin, ..."*

Prinzessin,
bitte küsse mich.

Lirum larum, Besenstiel,
zaubern ist kein Kinderspiel!

Schweinchen,
lasst mich rein!

Wortbausteine -ig und -lich

> Mit **-ig** und **-lich** können wir aus Nomen Adjektive bilden.
> Manchmal ändert sich der Wortstamm.
> *der Schreck – schreck**lich*** *der Punkt – pünkt**lich*** *die Ruhe – ruh**ig***

1 Trage die Adjektive mit **-ig** und **-lich** richtig in die Tabelle ein.

durstig	friedlich	feierlich	salzig

Nomen	Adjektive mit -ig	Adjektive mit -lich
das Salz		
der Frieden		
der Durst		
die Feier		

2 Markiere die Wortpaare in derselben Farbe.

der Punkt	der Witz	der König	die Natur

natürlich	königlich	pünktlich	witzig

3 Bilde aus den Nomen Adjektive mit **-ig** oder **-lich**. Schreibe sie auf.

die Macht – _____   die Gefahr – _____

die Wolke – _____   der Biss – _____

die Schrift – _____   die Angst – _____

4 Bilde Wortgruppen mit Adjektiven aus Aufgabe 3.

der mächtige König, _____

_____

5 Vergleicht eure Wortgruppen aus Aufgabe 4.

Adjektive steigern

Adjektive können wir steigern. Es gibt drei **Vergleichsstufen**:

Grundform	1. Vergleichsstufe	2. Vergleichsstufe
schön	*schöner*	*am schönsten*

1 Trage die Adjektive richtig in die Tabelle ein.

~~schön~~	am leichtesten	dünner	leicht	~~am schönsten~~	dünn

am stärksten	am dünnsten	stark	leichter	stärker	~~schöner~~

Grundform	1. Vergleichsstufe	2. Vergleichsstufe
schön	*schöner*	*am schönsten*

2 Steigere die Adjektive. Trage sie in die Tabelle aus Aufgabe 1 ein.

jung	kurz	neu

Manchmal musst du einen Buchstaben verändern oder einfügen.

3 Ergänze die fehlenden Vergleichsstufen.

Das Fahrrad ist schnell. Das Auto ist _____.

Das Flugzeug ist _____.

Der Löwe ist groß. Der Elefant ist _____.

Die Giraffe ist _____.

Mit Adjektiven vergleichen

 Mit Adjektiven können wir vergleichen.
Wenn etwas **gleich** ist, wird es mit den Vergleichswörtern **so … wie** beschrieben.
Wir verwenden die Grundform: *Ich bin **so** groß **wie** du.*

Wenn etwas **unterschiedlich** ist, wird es mit dem Vergleichswort **als** beschrieben.
Wir verwenden die 1. Vergleichsstufe: *Du bist größer **als** ich.*

○ **1** Vergleiche die Zwerge. Benutze die Vergleichswörter **so … wie**.

schlau

Hektor ist

Hektor

Viktor

○ **2** Bilde Vergleiche. Benutze das Vergleichswort **als**.

schlau

Norman ist

Norman

Arthur

◔ **3** Vergleiche die Märchenfiguren miteinander.
Verwende die Vergleichswörter **so … wie** oder **als**. Markiere sie.

schwer   Zwerg

Der König ist _____

_____

Aschenputtel   groß

Rapunzel ist _____

_____

● **4** ✎ Vergleiche die Märchentiere.
Schreibe Sätze.
Verwende **so … wie** oder **als**.

Wörter verlängern

> Wenn wir wissen möchten, ob am Wortstammende **b/p**, **d/t** oder **g/k**
> geschrieben wird, **verlängern** wir das Wort.
> Bei Verben bilden wir die Grundform: *er leb**t** – leben.*

1 Welche Wörter gehören zusammen? Verbinde.

lieben	sie wird	er jagt	erlauben	schweigen

jagen	sie erlaubt	sie liebt	sie schweigt	werden

2 Verlängere die Verben. Bilde die Grundform.
Setze **b/p**, **d/t** oder **g/k** richtig ein und markiere.

er schrei__b__t – *schreiben*   sie to___t – _____

du rä___st – _____   sie mer___t – _____

es hu___t – _____   er trä___t – _____

es flie___t – _____   du häl___st – _____

3 Verlängere die Verben. Markiere die richtigen Buchstaben.

Der Riese fra **g/k** t den Zwerg, ob er mit ihm spielen möchte.

Der Zwerg sa **g/k** t zu und sprin **g/k** t fröhlich umher.

Die Fee flie **g/k** t herbei und blei **b/p** t bei den beiden.

Sie schaut ihnen zu und trin **g/k** t dabei eine leckere Limo.

Die Fee gi **b/p** t beiden dann Kuchen und Saft.

4 Schreibe den Text von Aufgabe 3 richtig auf.

5 Schreibe Sätze mit den Verben von Aufgabe 2.

6 Überprüft eure Sätze von Aufgabe 5 mit dem Wörterbuch.

Wörter mit ß (M)

☀ Ein **ß** steht nur nach einem lang gesprochenen Vokal, Umlaut oder Zwielaut:
der Fu̲ß, grü̲ßen, der Flei̲ß, ...

1 Setze die Wörter richtig ein.

| Spaß | fleißig | außer | draußen |

Zwerg Seppl war besonders _____ in der Schule.

Er liebte alle Fächer _____ Sport.

Da musste er immer _____ laufen.

Das machte keinen _____.

2 Wird der Laut vor **ß** in den Wörtern von Aufgabe 1 kurz oder lang gesprochen?
Markiere kurz (.) oder lang (_).

3 Trage die Personalformen in die Tabelle ein.

	genießen	beißen	schließen
ich			
du			
er / sie / es			
wir			
ihr			
sie			

4 Schreibe die Nomen mit Artikel in Silben auf.

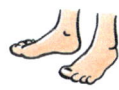  

_____ _____ _____

5 ✏ Schreibe Sätze mit Wörtern mit **ß**.

Eine Geschichte schreiben

1 Wer soll in deiner Geschichte vorkommen? Kreuze an.

2 Sammle Ideen für deine Geschichte in einer Mindmap.

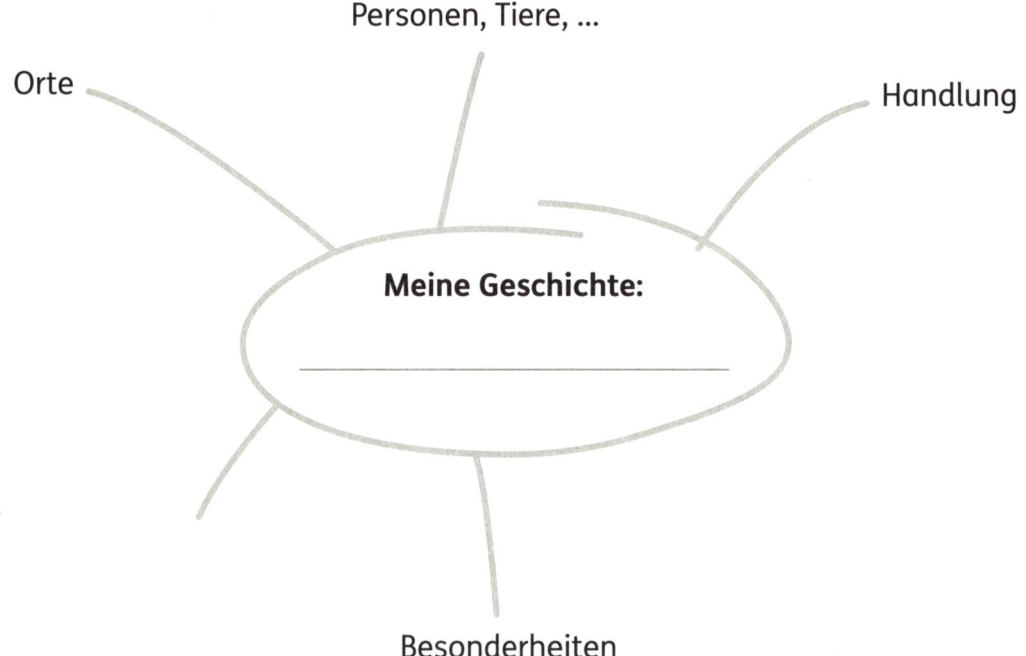

3 Schreibe mithilfe deiner Stichpunkte von Aufgabe 2 eine Geschichte.
Denke an den roten Faden. Überlege dir zum Schluss eine passende Überschrift.

Ausgangssituation	Ereignis	Ausgang

Denke an den Wendepunkt.

4 Lest eure Geschichten vor. Gebt euch Tipps.

Das kann ich

1 Ergänze die Doppelpunkte und Anführungszeichen.

Der Prinz fragt___ ___Kommst du mit mir mit? ___

Die Prinzessin antwortet___ ___Sehr gerne! Ich muss nur Bescheid geben.___

Der Prinz freut sich___ ___Super, ich warte hier auf dich!___

2 Markiere in Aufgabe 1 den Redebegleitsatz und die wörtliche Rede unterschiedlich.

3 Bilde aus den Nomen Adjektive mit **-ig** oder **-lich**. Schreibe sie auf.

der Sand   –   _____   der Sport   –   _____

der Tag   –   _____   der Schatten   –   _____

der Witz   –   _____   die Gefahr   –   _____

4 Trage die Adjektive richtig ein. Ergänze die Tabelle.

| schlecht | am billigsten | leise | ärmer |

Grundform	1. Vergleichsstufe	2. Vergleichsstufe

📑	😃	🙂	😐	🙁
1 Ich kann Anführungszeichen passend einsetzen.				
2 Ich kann Redebegleitsatz und wörtliche Rede unterscheiden.				
3 Ich kann Adjektive mit der Nachsilbe **-ig** und **-lich** bilden.				
4 Ich kann Adjektive steigern.				

5 Vergleiche die Märchenfiguren miteinander.
Verwende die Vergleichswörter **so ... wie** oder **als**. Markiere sie.

| arm | König | klein | Zwerg |

Der Bauer ist _____

_____

Rumpelstilzchen ist _____

_____

6 Verlängere die Wörter.
Setze **b/p**, **d/t** oder **g/k** richtig ein und markiere.

er wie____t   –   _____   es le____t   –   _____

sie kla____t   –   _____   er schwei____t –   _____

er schen____t –   _____   sie hu____t   –   _____

du rä____st   –   _____   es kle____t   –   _____

7 Schreibe drei Wörter mit **ß** auf. Markiere den Vokal vor dem **ß**.

_____

📖👆	😄	🙂	😐	🙁
5 Ich kann mit Adjektiven vergleichen.				
6 Ich kann Wörter mit **b/p**, **d/t** und **g/k** richtig schreiben.				
7 Ich kenne Wörter mit **ß** und deren Schreibweise.				

43

Pronomen

 Die Wörter **ich, du, er/sie/es, wir, ihr, sie** sind **Personalpronomen**.
Diese Pronomen können Nomen ersetzen:
Der Forscher erforscht Schmetterlinge. Er erforscht Schmetterlinge.
Lina sammelt Schmetterlingsbücher. Sie sammelt Schmetterlingsbücher.

1 Welche Pronomen haben sich in den Wörtern versteckt? Markiere.

| wirbeln | sieben | Licht | Besen | Berg | duschen |

2 Ergänze die fehlenden Pronomen.

Emma geht gerne in die Natur.

_____ beobachtet am liebsten Schmetterlinge.

Das Schmetterlingsweibchen kann 200 Eier legen.

_____ legt sie auf Pflanzen ab.

Sinan kümmert sich um seine Hasen.

_____ gibt ihnen jeden Tag Futter.

Die Hasen heißen Mümmel und Lümmel.

_____ leben im Garten im Hasenstall.

3 Überarbeite den Text, indem du einige Nomen durch Pronomen ersetzt.
Schreibe den Text auf.

Otto liebt Libellen. Otto entdeckt Libellen häufig im Gras.
Nina schenkt Otto ein Libellenposter. Otto findet das Libellenposter toll.

Wörter mit -ie

> Die meisten Wörter mit lang gesprochenem i werden mit **ie** geschrieben.
> Am Ende einer offenen Silbe steht meist ie: *die Bie-ne, rie-chen, ...*

1 Sprich die Wörter deutlich. Wird der i-Laut lang (_) oder kurz (.) gesprochen?
Markiere.

| Wiese | fliegen | Wind | niemand | Insekt |

| wild | Riese | sitzen | Biene | Honig |

2 Schreibe die Wörter aus Aufgabe 1 geordnet auf.

ie: _____

i: _____

3 Setze **ie** oder **i** richtig ein.

Die Winterruhe der B_____nen

_____m W_____nter fallen d_____ B_____nen n_____cht

_____n einen t_____fen W_____nterschlaf.

S_____ halten _____n der kalten Jahreszeit ihre

W_____nterruhe.

S_____ s_____tzen dann eng und kugelförm_____g

_____n ihrem Stock und wärmen s_____ch gegenseit_____g.

Som_____t w_____rd _____m B_____nenvolk auch an frost_____gen

Tagen eine angenehme Temperatur erreicht.

Wenn es w_____der wärmer w_____rd, fl_____gen d_____ B_____nen hinaus.

4 Überprüft gemeinsam die Wörter aus Aufgabe 3 mit der Wörterliste
oder dem Wörterbuch.

Wörter mit silbentrennendem h ↪

> ☀ Treffen bei mehrsilbigen Wörtern zwei Vokale aufeinander,
> schreiben wir fast immer ein **h** dazwischen: *ge-hen, glü-hen, ...*
> Wenn wir die Wörter **verlängern** und in Silben sprechen, können wir
> das **h** hören: *das Reh – die Rehe, sie blüht – blühen, froh – frohes, ...*

1 Markiere alle Wörter mit **h**. Sprich die Wörter in Silben.

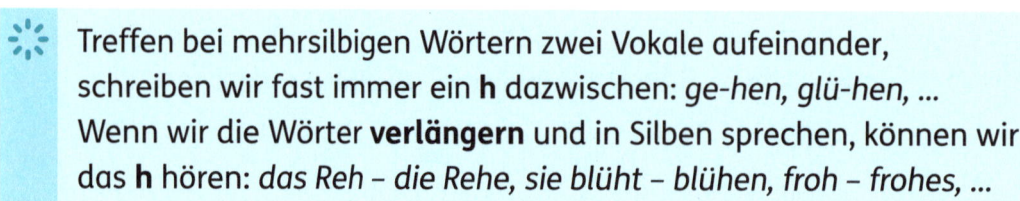

KÜHEBERGGLÜHENJASPRÜHENUNDREIHEAXTNÄHENGUTZEHEN

2 Trage die Wörter mit **h** von Aufgabe 1 richtig in die Tabelle ein.
Zeichne die Silbenbögen. Markiere das **h**.

Nomen	Verben

3 Schreibe die Verben aus Aufgabe 2 in den Tabellenkopf. Ergänze die Personalformen.

ich			
du			
er / sie / es			
wir			
ihr			
sie			

4 Verlängere die Wörter und schreibe sie richtig auf.

sie lei___t _____   er dre___t _____   na___ _____

Satzglieder

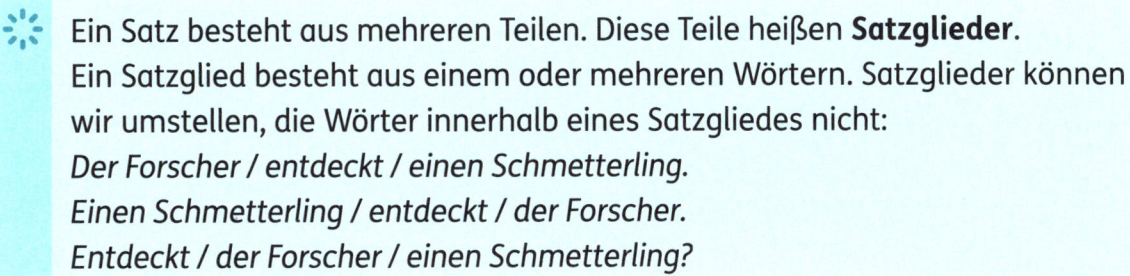

Ein Satz besteht aus mehreren Teilen. Diese Teile heißen **Satzglieder**.
Ein Satzglied besteht aus einem oder mehreren Wörtern. Satzglieder können
wir umstellen, die Wörter innerhalb eines Satzgliedes nicht:
Der Forscher / entdeckt / einen Schmetterling.
Einen Schmetterling / entdeckt / der Forscher.
Entdeckt / der Forscher / einen Schmetterling?

1 Bilde mit den Wörtern einen Satz. Schreibe ihn auf.

IN	BAUMHAUS	DEM

DAS	SPIELT	MÄDCHEN

2 Stelle den Satz aus Aufgabe 1 so um, dass weitere sinnvolle Sätze entstehen.
Schreibe sie auf.

3 Trenne die Satzglieder in den Sätzen aus Aufgabe 2 mit Strichen voneinander.

4 Ergänze deinen Satz aus Aufgabe 1 durch weitere Satzglieder.
Trenne die Satzglieder mit Strichen voneinander.

>> SB S. 80/81

Subjekt und Prädikat

 Mit der Frage **Wer oder was …?** finden wir das **Subjekt** in einem Satz.
Subjekte sind oft **Nomen oder Pronomen**. Das Subjekt ist immer ein Satzglied.
Ein Forscher beobachtet Schmetterlinge.
Wer oder was beobachtet Schmetterlinge?
Mit den Fragen **Was tut …?** oder **Was passiert?** finden wir das **Prädikat (Satz-kern)** in einem Satz. Das Prädikat ist immer ein **Verb**. Prädikate sind Satzglieder.
Viele Ameisen bauen einen Ameisenhügel.
Was tun viele Ameisen?

1 Erfrage und markiere das Subjekt. Schreibe die Frage auf.

Frau Simon hängt ein Plakat an die Tafel.

_____

Die Klasse 3a besucht den Zoo.

_____

2 Erfrage und markiere das Prädikat. Schreibe die Frage auf.

Emil liest ein interessantes Buch über Insekten.

_____

Naomi entdeckt im Garten der Nachbarn eine Raupe.

_____

3 Bilde einen Satz. Markiere das Subjekt und das Prädikat.

| EIER | LEGEN | VÖGEL | IN | EIN | LEERES | NEST |

_____

_____

Wörter mit ä und äu ⚡

> ☀ Die meisten Wörter mit **ä** und **äu** können wir von verwandten Wörtern
> mit a und au ableiten: *wärmer – warm, die Sträucher – der Strauch, …*
> Gibt es kein verwandtes Wort mit a oder au, schreiben wir es meist
> mit e oder eu: *der Euro, gelb, …*

1 Verbinde die verwandten Wörter. Markiere **a/ä** und **au/äu**.

der Schaden	der Glaser	die Schlangenlinie	das Gemäuer

mauern	schlängeln	gläsern	schädigen

2 Ergänze zu jeder Wortfamilie ein weiteres verwandtes Wort.
Markiere **a/ä** und **au/äu**.

3 Setze **a** oder **au** und **ä** oder **äu** richtig ein. Markiere **a/ä** und **au/äu**.

der St*au*b – best*äu*ben   der K_____mm – k_____mmen

der Tr_____m – tr_____men   l_____chen – l_____cheln

der Sch_____m – sch_____men   der F_____ll – f_____llen

4 Schreibe die Wörter mit **ä** oder **e**, **äu** oder **eu** richtig auf.
Überprüfe deine Schreibung mit einem verwandten Wort.

Wort	verwandtes Wort mit a/au
die Kr_____nze	
der W_____cker	
l_____ten	
die F_____chtigkeit	

>> SB S. 84 **49**

Zusammengesetzte Adjektive

> Aus Nomen und Adjektiven können wir **zusammengesetzte Adjektive** bilden:
> *der Himmel + blau = himmelblau.*

1 Verbinde richtig.

schnell wie ein Pfeil	●	●	kugelrund
rund wie eine Kugel	●	●	glasklar
klar wie Glas	●	●	pfeilschnell

> Zusammengesetzte Adjektive schreibst du klein.

2 Ergänze die zusammengesetzten Adjektive.

Die Eisbahn ist glatt wie ein Spiegel. Sie ist _____.

Das Tuch ist leicht wie eine Feder. Es ist _____.

Das Pferd ist schnell wie der Blitz. Es ist _____.

Der Frosch ist grün wie das Gras. Er ist _____.

3 Bilde zusammengesetzte Adjektive.
Markiere die zusammengehörenden Wörter in derselben Farbe.

> Manchmal musst du einen Buchstaben einfügen.

| der Zucker | hoch | der Stein | der Bär | süß |
| das Haus | fleißig | stark | die Biene | hart |

Nomen		Adjektiv		zusammengesetztes Adjektiv
der Zucker	+	*süß*	=	*zuckersüß*
_____	+	_____	=	_____
_____	+	_____	=	_____
_____	+	_____	=	_____
_____	+	_____	=	_____

4  Wähle drei zusammengesetzte Adjektive aus Aufgabe 3. Bilde damit Sätze.
Du kannst auch mit dem Computer schreiben.

Einen Sachtext schreiben

 Ein **Sachtext** informiert sachlich und verständlich über ein Thema. Eigene Erlebnisse, Meinungen und Vermutungen werden nicht genannt.

1 Verbinde die Stichwörter zum Zitronenfalter mit den passenden Oberbegriffen.

Aussehen •

Größe •

Lebensraum •

Nahrung •

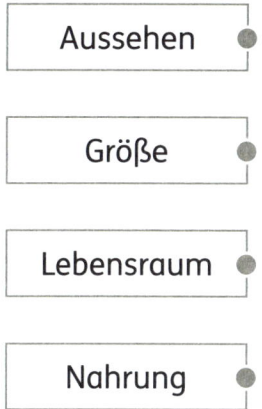

- *an Waldrändern und Gebüschen*
- *in Gärten*
- *Kratzdisteln, Sommerflieder und andere violette Blüten*
- *5–6 cm Flügelspannweite*
- *Flügel der Weibchen beinahe weiß*
- *Männchen: zitronengelbe Flügel*

2 Erstelle mit den Informationen aus Aufgabe 1 eine Mindmap.

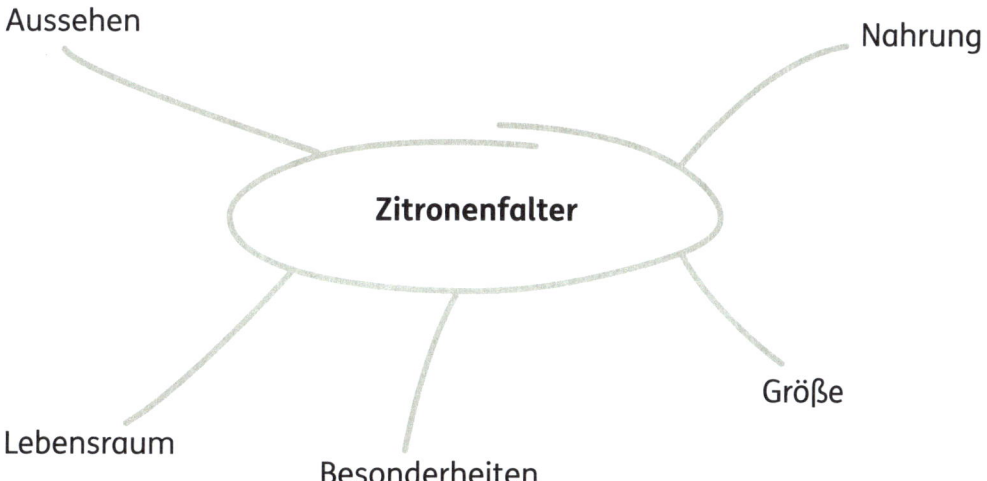

Aussehen

Nahrung

Zitronenfalter

Größe

Lebensraum

Besonderheiten

Aussehen und Futter der Raupe?

3 Informiere dich über den Zitronenfalter.
Ergänze die Mindmap mit weiteren Informationen.

4 ✍ Schreibe einen Sachtext über den Zitronenfalter.
Nutze die Mindmap. Du kannst auch mit dem Computer schreiben.

Einen Sachtext überarbeiten

○ **1** Lies den Sachtext.

Libellen

Welt

Auf der ganzen ~~Weld~~ gibt es 5.000 verschiedene Libellenarten.   R

viele sind vom Aussterben bedroht.   R

Libellen leben an stilen Weihern, Teichen, Mooren und Flüssen.   R

Libellen können bis zu 50 Kilometer in der Stunde flgen.   Wh R

Libellen wird dabei sehr heiß. Libellen machen dann   Wh

eine Pause, um sich abzukülen.   R

Ich finde Libellen sind die schönsten Insekten.

● **2** Überarbeite den Sachtext aus Aufgabe 1.
Trage die Überarbeitungen direkt in Aufgabe 1 ein.

- Streiche die falsch geschriebenen Wörter durch. Schreibe sie richtig darüber.
- Ersetze Nomen durch Pronomen. Schreibe sie darüber.
- Streiche Gefühle und Meinungen durch.

● **3** Schreibe den überarbeiteten Sachtext auf.
Stelle dabei die Satzglieder so um, dass der Text interessanter klingt.
Du kannst auch mit dem Computer schreiben.

1 Überarbeite den Text, indem du einige Nomen durch Pronomen ersetzt.
Schreibe den Text auf.

Sally liebt Hunde. Sally besucht Hunde in den Ferien oft im Tierheim.
Papa schenkt Sally ein Hundebuch. Sally findet das Hundebuch toll.

2 Sprich die Wörter deutlich. Wird der i-Laut lang (_) oder kurz (.) gesprochen?
Setze **ie** oder **i** richtig ein und markiere.

der _____mker   der W_____nd   die B_____ne   die W_____se

3 Schreibe die Nomen in der Mehrzahl und die Verben in der Grundform auf.
Zeichne die Silbenbögen. Markiere das **h**.

| er sieht | der Schuh | sie sprüht |

| das Reh | es blüht | die Kuh |

Nomen:

Verben:

📖👆	😀	🙂	😐	🙁
1 Ich kann Nomen durch Pronomen ersetzen.				
2 Ich kann Wörter mit **ie** schreiben.				
3 Ich kann Wörter mit silbentrennendem **h** richtig schreiben.				

53

4 Stelle den Satz um und schreibe ihn auf.

Im Sitzkreis nennt jedes Kind seinen Lieblingsschmetterling.

_____

_____

5 Trenne die Satzglieder in Aufgabe 4 mit Strichen voneinander.

6 Erfrage und markiere im Satz das Subjekt und das Prädikat. Schreibe beide Fragen auf.

Jonas schreibt einen Text über Waldameisen.

_____

_____

7 Schreibe die Wörter mit **ä** oder **e**, **äu** oder **eu** richtig auf.
Überprüfe deine Schreibung mit einem verwandten Wort.

Wort	verwandtes Wort mit a/au
die W_____lt	_____
_____ngstlich	_____
bl_____lich	_____
der St_____ngel	_____

📖👆	😀	🙂	😐	🙁
4 Ich kann Sätze umstellen.				
5 Ich erkenne Satzglieder.				
6 Ich kann das Subjekt und das Prädikat in einem Satz erfragen.				
7 Ich kann Wörter mit **ä** und **äu** ableiten und richtig schreiben.				

Fremdwörter ⓜ

 Fremdwörter haben wir aus anderen Sprachen übernommen.
Wir müssen uns ihre Aussprache und Schreibweise merken.

1 Verbinde die Bilder mit den passenden Fremdwörtern.

Snowboard	Surfbrett
Basketball	Inliner
Mountainbike	Volleyball

2 Setze die Fremdwörter richtig ein.

| Interview | Internet | Garderobe |

Dimitri hängt seine Jacke an die _____.

Die Reporterin führt ein _____ mit dem Sieger.

Im _____ beschaffe ich mir Informationen.

3 Entschlüssele die Wörter. Schreibe zu jedem deutschen Wort das passende Fremdwort.

| kerSnea | zzuPel | Ploo | etuKchp |

Turnschuhe _____

Legespiel _____

Schwimmbecken _____

Tomatensoße _____

Das Wörterbuch
hilft dir.

4 Sammelt Wörter aus anderen Sprachen auf Plakaten.

Wörter mit aa, ee, oo (M)

1 Markiere die Wörter mit **aa**, **ee**, **oo**.
Schreibe sie mit dem bestimmten Artikel auf.

Es sind 10 Wörter.

D	S	P	E	E	R	T	Z	P	Q	H	A	A	R	K	J	H
P	M	E	E	R	D	J	Ö	M	I	D	E	E	X	M	B	T
Z	O	O	F	R	T	M	O	O	R	O	P	L	S	A	A	L
X	S	C	H	N	E	E	F	T	E	E	D	R	F	E	E	Z

2 Setze die Wörter richtig zusammen. Schreibe sie mit Artikel auf.

| Blumentier | Ruderbeere | Kleeball | Schneeblatt | Erdboot | Zoobeet |

3 Setze **Paar** oder **paar** richtig ein.

> ein **Paar**: **zwei** zusammengehörende Menschen oder Dinge
> ein **paar**: **mehrere** Menschen oder Dinge

Paula spielt mit ein _____ Freunden Fußball.

Otto hat zum Geburtstag ein _____ Torwarthandschuhe bekommen.

Schon in der ersten Halbzeit schießt Paula ein _____ Tore.

Frau Simon und Herr Kühn sind jetzt ein _____.

Ein _____ Kinder haben sie zusammen in der Eisdiele gesehen.

Wörter mit ks-Laut (M)

1 Markiere die Wörter mit **x, chs** und **ks**.
Lies von links nach rechts → und von oben nach unten ↓.

H	R	U	B	O	X	E	N	V	L
N	W	Z	M	I	X	E	R	L	F
I	A	E	G	E	W	Ä	C	H	S
P	C	C	C	B	N	A	M	U	H
H	H	L	I	N	K	S	X	H	E
E	S	J	U	F	U	C	H	S	T
X	E	F	O	O	H	K	E	K	S
E	N	W	E	C	H	S	E	L	N

Es sind 9 Wörter.

2 Bilde mit drei Wörtern aus Aufgabe 1 je einen Satz.

3 Streiche in jeder Spalte das Wort durch, das nicht zur Wortfamilie gehört.
Markiere den gemeinsamen Wortstamm.

wachsen	Mixer	verwechseln	Hexe
~~wechseln~~	Mixtur	Wechselgeld	hecheln
Wachstum	mixen	Wäsche	Hexenhaus
aufwachsen	mischen	Abwechslung	verhexen

-wachs-			

4 Ergänze jeweils in Aufgabe 3 den gemeinsamen Wortstamm.

Verben mit Vorsilben

> ☀ Vorsilben können die Bedeutung eines Verbs verändern.
> *gehen* – *begehen* – *entgehen* – *vergehen* – *zergehen*, ...

○ **1** Verbinde die Verben mit passenden Vorsilben.

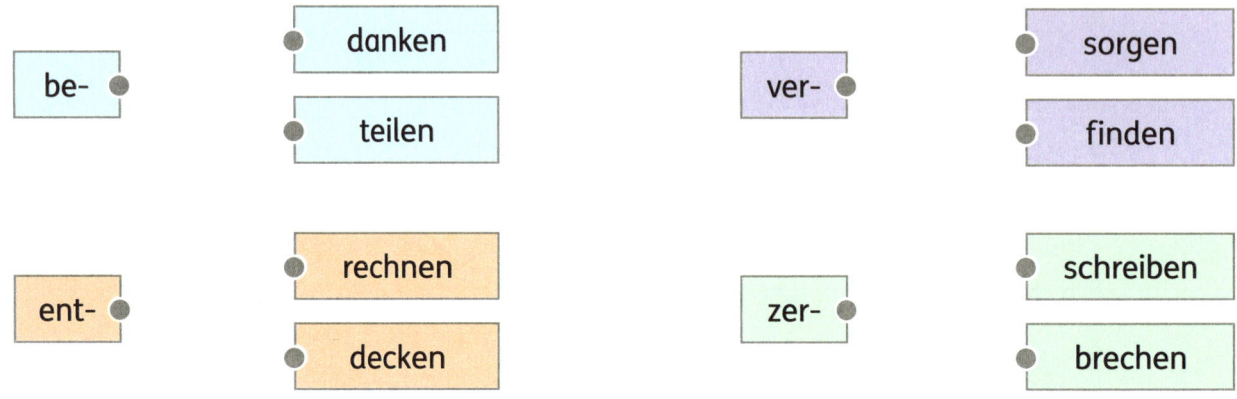

be-   •   danken
          teilen

ver- •   sorgen
          finden

ent- •   rechnen
          decken

zer- •   schreiben
          brechen

◔ **2** Setze Verben aus Aufgabe 1 passend ein.

Lea _____ sich bei ihrer Oma für das Geschenk.

Berat _____ seinen Hund mit frischem Wasser.

Finn _____ beim Abtrocknen eine Tasse.

Julia _____ im Garten einen Igel.

> Achte auf die richtige Personalform.

◔ **3** Setze die passenden Vorsilben ein. | ent- | be- | zer- | ver- |

Ina _____klebt ihr Plakat mit verschiedenen Bildern.

Leon _____schneidet Buntpapier mit seiner neuen Bastelschere.

Elias _____ziffert die Geheimschrift in seinem Rätselheft.

Ali _____bessert einen Fehler in seiner Geschichte.

● **4**  Was bedeuten die Verben mit verschiedenen Vorsilben? Tauscht euch aus.

auf-   sagen   aus-   kaufen
ab-   ein-

● **5** ✎ Schreibe Sätze mit Verben aus Aufgabe 4.

Prädikate

○ **1** Setze die passenden Verben in die Sätze ein.

| schreiben | bauen | erklären | planen | blättern |

Die Klasse 3b _____ einen Projekttag zum Thema Ägypten.

Dafür _____ einige Kinder Pyramiden.

Lina und Elif _____ in interessanten Büchern.

Mesut und Paula _____ in der alten ägyptischen Schrift.

Herr Meier _____ ihnen die Bedeutung der einzelnen

Hieroglyphen.

◑ **2** Erfrage in jedem Satz von Aufgabe 1 Subjekt und Prädikat.
Markiere.

> Hieroglyphen sind alte ägyptische Schriftzeichen.

◑ **3** Entschlüssle die Botschaften.
Markiere in jedem Satz das Prädikat.

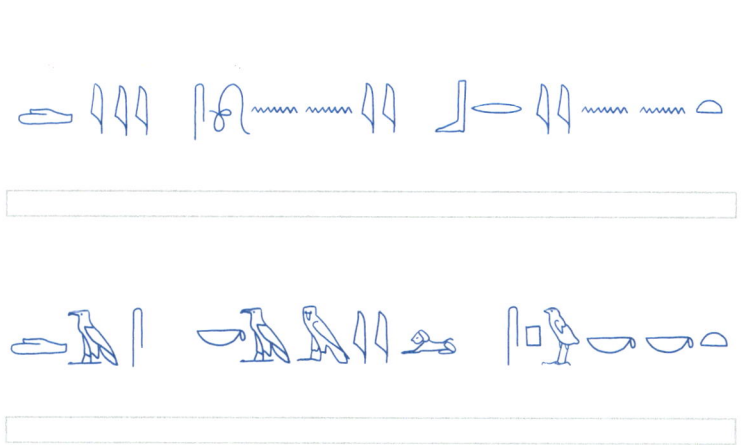

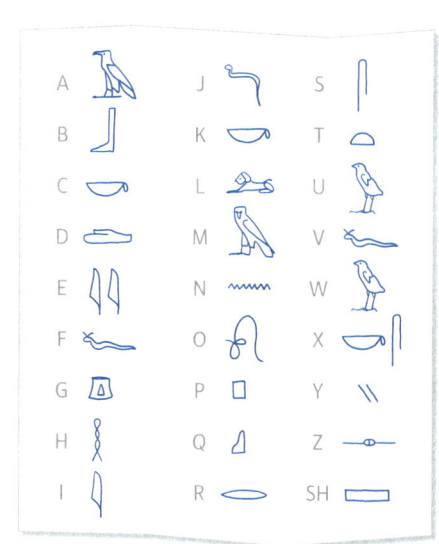

● **4** 📝 Schreibe einen eigenen Satz. Unterstreiche das Prädikat.
Übersetze den Satz in Hieroglyphen.

● **5** 👥 Tauscht eure Sätze aus Aufgabe 4. Übersetzt und markiert die Prädikate.

>> SB S. 100

Zweiteilige Prädikate

> ☼ Ein Prädikat kann auch aus einem zweiteiligen Verb bestehen:
> *Tam schaut im Internet nach.* Grundform: *nachschauen*

1 Setze die zweiteiligen Prädikate richtig ein. Markiere sie.

Anna _ruft_ mit ihrem Handy Ole _an_ .

Timo _____ Tams Geburtstagsgeschenk _____ .

Erste Gewitterwolken _____ am Himmel _____ .

Fatma _____ die verblühten Rosen _____ .

Felix und Sara _____ bunte Luftballons _____ .

~~anrufen~~
aufblasen
aufziehen
abschneiden
einpacken

2 Erfrage und markiere in jedem Satz das Prädikat. Bilde die Grundform.

Einmal am Tag **kommen** Amir und sein Vater zum Essen **zusammen**.

kommen zusammen – zusammenkommen

Amir und sein Vater nehmen Gäste immer herzlich auf.

_____

Die Sonne geht im Sommer oft sehr spät unter.

_____

3 Schreibe mit den zweiteiligen Prädikaten Sätze. Markiere die Prädikate.

_____

_____

_____

aufsammeln
zuhören
mitbringen

4 👥 Überprüft gemeinsam eure Sätze von Aufgabe 3.

Eine Erlebniserzählung schreiben

1 Lies die Erlebniserzählung.

_____

Im letzten Sommer fuhren mein Vater, mein Hund Mister und ich ans Mittelmeer.
Gleich am ersten Urlaubstag machten wir eine Bootstour.
Mister durfte ich mitnehmen. Er sprang vor Freude im Boot hin und her.
Als das Boot plötzlich heftig schaukelte, passierte etwas Schreckliches!
Mister verlor das Gleichgewicht und fiel ins Wasser.
Ich wurde kreidebleich und rief: „Papa, Mister ist über Bord gegangen!"
Mein Vater rief dem Bootsführer zu: „Stoppen Sie sofort den Motor!"
Und schon sprang Papa ins Meer.
Ich verfolgte atemlos, wie Papa schnell auf Mister zuschwamm.
Mister bellte freudig und ließ sich von ihm aus dem Wasser fischen.
Ich war sehr froh, dass Papa so mutig gewesen ist und meinen Hund gerettet hat.
Aber bei der nächsten Bootstour wird Mister zu Hause bleiben.

2 Lies im Text von Aufgabe 1 nach und notiere Stichwörter.

Personen und Tiere: _____

_____

Ort: _____

Zeit: _____

3 Was erlebte das Kind? Was fühlte es? Notiere Stichwörter.

_____

_____

_____

4 Überlege dir eine passende Überschrift. Schreibe sie in Aufgabe 1 auf.

Das kann ich

○ **1** Verbinde die Bilder mit den passenden Fremdwörtern.

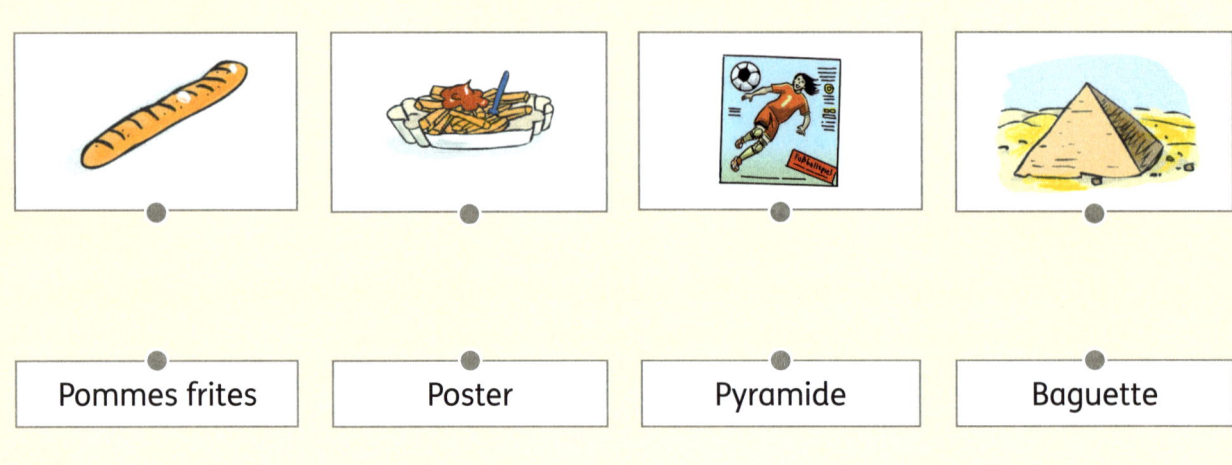

| Pommes frites | Poster | Pyramide | Baguette |

◒ **2** Schreibe je drei Wörter mit **aa**, **ee** und **oo** auf.

○ **3** Bilde Verben mit den Vorsilben **aus-**, **um-**, **ab-**.

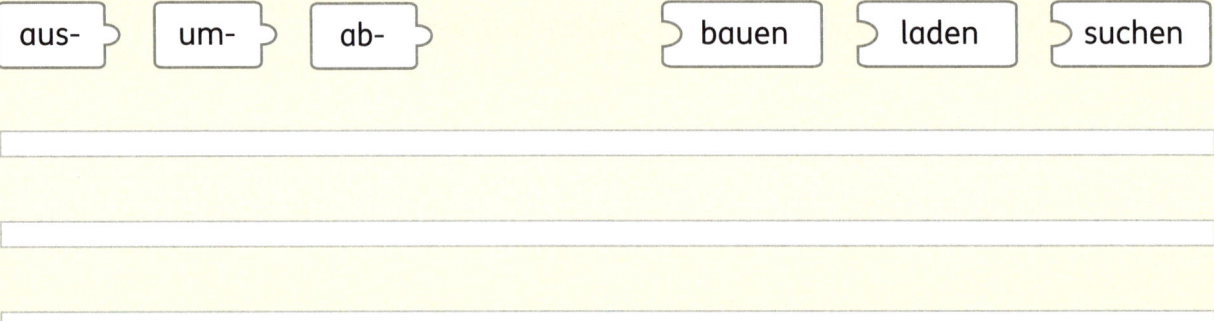

● **4** Setze die passende Vorsilbe ein.

Opa ist krank und muss die Einladung _____sagen. Jule will ein Gedicht _____sagen.

📖👆	😄	🙂	😐	🙁
1 Ich kenne verschiedene Fremdwörter.				
2 Ich kenne Wörter mit **aa, ee, oo**.				
3 Ich kann Verben mit Vorsilben bilden.				
4 Ich kann passende Vorsilben für Verben finden.				

5 Erfrage in jedem Satz Subjekt und Prädikat. Markiere.

Finn und Anna fahren in den Ferien nach England.

Nach den Ferien geht Ali in die vierte Klasse.

6 Erfrage und markiere in jedem Satz das zweiteilige Prädikat.
Schreibe das Verb in der Grundform auf.

Am Nachmittag packt Anisa ihre Fußballschuhe ein.

_____

Elif und ihr Vater packen die Tasche aus.

_____

Lara schreibt sich Oles Adresse auf.

_____

7 Schreibe mit den Verben Sätze. Markiere die Prädikate.

zuschauen	einbauen	aufschreiben

_____

_____

_____

📖👆	😃	🙂	😐	🙁
5 Ich kann das Subjekt und das Prädikat in einem Satz erkennen.				
6 Ich kann zweiteilige Prädikate in einem Satz erkennen.				
7 Ich kann Sätze mit zweiteiligem Prädikat schreiben.				

63

Wortbausteine -heit, -keit, -ung, -nis

Die Wortbausteine, die hinter ein Wort gesetzt werden, nennen
wir **Nachsilben**. Mit den Nachsilben **-heit**, **-keit**, **-ung**, **-nis** können wir aus
Verben und Adjektiven **Nomen** bilden: *frei – die Freiheit, fröhlich – die Fröhlichkeit,
wohnen – die Wohnung, geheim – das Geheimnis.*

○ **1** Welche Wörter gehören zusammen? Verbinde.

ziehen	offen	erkennen	bilden	wichtig

Erkenntnis	Wichtigkeit	Bildung	Ziehung	Offenheit

◗ **2** Bilde Nomen mit **-heit**, **-keit**, **-ung** und **-nis**. Schreibe sie mit Artikel auf.

~~zeichnen~~   vergeben   ergeben

werben   sauber   zufrieden

zeichnen – die Zeichnung,

◗ **3** Markiere alle Wörter mit **-ung** und **-keit**.
Schreibe sie mit einem passenden Verb oder Adjektiv auf.

Semra hat eine Verletzung am Fuß. Ihr Kinderarzt hat viel Erfahrung.

Die Behandlung tut Semra nicht weh. Der Arzt lobt ihre Tapferkeit.

die Verletzung – verletzen,

● **4** ✎ Schreibe Sätze mit den Nomen von Aufgabe 2.

Wörter mit Dehnungs-h Ⓜ

> ☀ Ein **Dehnungs-h** kennzeichnet einen lang gesprochenen Vokal oder Umlaut. Es steht vor **l**, **m**, **n** oder **r**: *fehlen, nehmen, ihr, Hahn*, ...

1 Trenne die Wörter mit Strichen voneinander.

ZAHLANGENEHMFÜHRENZAHNFAHRENSTEHLENWAHRUHRKÜHL

2 Ordne die Wörter aus Aufgabe 1 richtig in die Tabelle ein. Markiere das Dehnungs-h.

> Achte auf die Groß- und Kleinschreibung.

Nomen	Verben	Adjektive

3 Suche weitere Wörter mit Dehnungs-h. Ergänze die Tabelle.

4 Schreibe lustige Sätze mit Wörtern mit Dehnungs-h.

Ein Hahn fährt Kahn im Frühling.

5 👥 Überprüft gemeinsam eure Sätze aus Aufgabe 4.

Zusammengesetzte Nomen (Aa?)

1 Lies den Text. Unterstreiche alle zusammengesetzten Nomen.
Markiere das Bestimmungswort und das Grundwort unterschiedlich.

Höhlenforschung

Marie und Milo besuchen einen Wasserfall.
Dahinter entdecken sie eine Felshöhle.
Hier tropfen die Wassertropfen von der Höhlendecke.
Dabei bilden sich über viele Jahrtausende Tropfsteine.
Sie heißen Stalagmiten oder Stalaktiten.

2 Zerlege vier zusammengesetzte Nomen aus Aufgabe 1.

_____

_____

_____

_____

3 Bilde zusammengesetzte Nomen. Schreibe sie mit Artikel auf.
Was fällt dir auf? Markiere die Besonderheit.

| Ohr | Fest | Koffer | Vieh | Telefon | Glas |

| Raum | Nummer | Schüssel | Herde | Tag | Ring |

_____

_____

_____

4 ✐ Bilde Sätze mit Nomen aus Aufgabe 3.

5 👥 Überprüft gemeinsam eure Sätze von Aufgabe 4.

1. und 2. Vergangenheit

 Die **2. Vergangenheit** benutzen wir meist beim mündlichen Erzählen eines Erlebnisses. Sie wird mit den Hilfsverben **haben** oder **sein** gebildet:
Ich sammle Kröten. – Ich habe Kröten gesammelt.
Die Kröten springen ins Wasser. – Die Kröten sind ins Wasser gesprungen.

1 Lies den Text. Markiere alle Verben in der 2. Vergangenheit.

> Letzte Woche sind wir mit dem Bus zum Schullandheim gefahren.
> Am ersten Abend haben wir eine Nachtwanderung gemacht.
> Ludwig und ich haben Taschenlampen mitgenommen.
> Immer wieder haben wir unheimliche Geräusche gehört.
> Mehrmals sind wir sehr erschrocken.
> Aber Frau Tran ist die ganze Zeit bei uns gewesen.
> Erschöpft sind wir um Mitternacht ins Bett gefallen.

2 Trage die markierten Verben aus Aufgabe 1 in die Tabelle ein.

2. Vergangenheit	1. Vergangenheit

3 Ergänze in der Tabelle die Verben in der 1. Vergangenheit.

4 Kontrolliert gemeinsam eure Verben aus Aufgabe 3.

Einen Ausflugsbericht schreiben

○ **1** Lies Janas Ausflugsbericht für die Schulzeitung.

Ein Ausflug an den großen See

Letzte Woche fuhren wir nach Schöndorf.
Der Angelsportverein von dort lud uns
an den großen See ein.
Wir erfuhren viel über das Gewässer,
die Fische und die Angelgeräte.
Alle versuchten, einen Fisch an die Angel zu bekommen.
Ole fing einen Hecht und ich angelte einen Barsch.
Am Abend saß die ganze Klasse am Lagerfeuer
und wir grillten die Fische.
Dazu gab es Stockbrot.

Jana, Klasse 3a

● **2** Beantworte die Fragen in ganzen Sätzen. Schreibe auf.

Wann war der Ausflug?

Wo war der Ausflug?

Wer war dabei?

Was passierte alles?

3 Ordne die Stichwörter. Markiere sie in unterschiedlichen Farben.

| Naturkundemuseum | 20. März | besuchen | ausgestopfte Tiere bestaunt |

| unsere Klasse | Informationen über Tiere und Pflanzen aus aller Welt |

| alle Kinder sehr interessiert | Museumsführer | viele Fragen gestellt |

4 Schreibe mithilfe der Stichwörter aus Aufgabe 3 einen Ausflugsbericht.

> Schreibe in der 1. Vergangenheit.

5 Überlege dir eine passende Überschrift für den Ausflugsbericht.
Schreibe sie über den Ausflugsbericht.

6 Vergleicht eure Ausflugsberichte.

1 Bilde Nomen mit **-heit**, **-keit**, **-ung** oder **-nis**. Schreibe sie mit Artikel auf.

| geheim | dunkel | übel | abkürzen |

_____

_____

2 Schreibe vier weitere Nomen mit **-heit**, **-keit**, **-ung** oder **-nis** auf.

_____

_____

3 Setze **ihm, ihn, ihnen, ihr** passend ein.

Der Lehrer erzählt eine Geschichte. Die Kinder hören _____ zu.

Sie haben _____ verstanden. Jetzt stellt jede Gruppe _____ Plakat vor.

Die Aufgabe hat _____ Spaß gemacht.

4 Markiere in jedem Wort den Vokal oder Umlaut. Ist er kurz (.) oder lang (_)?
Ergänze die fehlenden Buchstaben.

n oder **hn**:   Ha_____   Ha_____d   **m** oder **hm**:   He_____d   za_____

l oder **hl**:   Hö_____e   Ha_____s   **r** oder **hr**:   He_____z   O_____

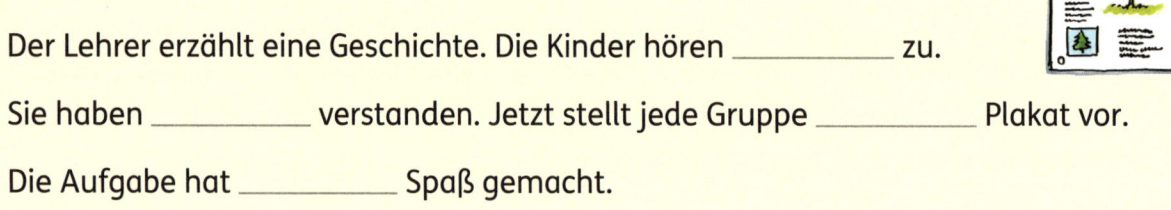	☺	☺	😐	☹
1 Ich kann aus Adjektiven und Verben Nomen mit **-heit**, **-keit**, **-ung** und **-nis** bilden.				
2 Ich kenne weitere Nomen mit **-heit**, **-keit**, **-ung** und **-nis**.				
3 Ich kann **ihm, ihn, ihnen** und **ihr** passend einsetzen.				
4 Ich kann Wörter mit Dehnungs-h richtig schreiben.				

5 Zerlege die zusammengesetzten Nomen.

Leseecke	Kochlöffel	Laufschuhe

Fahrbahn	Schlafanzug	Spinnennetz

_____

_____

_____

6 Schreibe die Verben in der 2. Vergangenheit in der ich-Form auf.

klettern	forschen	rennen	schreiben	schwimmen

_____

_____

7 Schreibe die Sätze in der 1. Vergangenheit und 2. Vergangenheit auf.

Leo und Paul treffen sich heute.

_____

_____

Sie gehen ins Schulkino.

_____

_____

	☺	☺	☺	☹
5 Ich kann zusammengesetzte Nomen zerlegen.				
6 Ich kann Verben in die 2. Vergangenheit setzen.				
7 Ich kann Sätze in der 1. und 2. Vergangenheit schreiben.				

Wörter verlängern ↪

1 Welche Wörter gehören zu einer Wortfamilie? Schreibe die Wortfamilien auf.
Kreise den Wortstamm ein und markiere **b** oder **g** im Wortinneren.

| erlauben | biegen | sie fliegt | sie erlaubt | der Flieger |

| die Biegung | fliegen | die Erlaubnis | er biegt |

erlaub: _____

_____

_____

2 Verlängere die Verben. Bilde die Grundform.
Setze **b/p**, **d/t** oder **g/k** richtig ein und markiere.

sie le_g_t – *legen* _____   er schlä____t – _____

er hu____t – _____   er gi____t – _____

sie par____t – _____   er rei____t – _____

sie schie____t – _____   sie zerle____t – _____

3 Setze passende Verben aus Aufgabe 2 ein.

Milan und Daria zaubern einen Regenbogen.

Milan _____ das Experimentierbuch auf.

Er _____ Wasser in eine Schüssel.

Daria _____ einen Taschenspiegel hinein.

Dann _____ sie den Vorhang weg.

Die Sonnenstrahlen werden in die Farben des Regenbogens _____.

4 👥 Überprüft gemeinsam eure Sätze von Aufgabe 3.

Fehlertexte überarbeiten

1 Berichtige die falsch geschriebenen Wörter. Welche Strategie hilft dir?
Zeichne das passende Strategiesymbol und schreibe das Wort richtig daneben.
Markiere die berichtigte Stelle.

Strategie   Verbesserung

Schulende

Marina <u>leuft</u> schnell nach Hause.

Heute darf sie mit dem <u>Komputer</u> arbeiten.

Marina schreibt einen <u>text</u> über ihren Lieblingsautor.

Mit einer Suchmaschine <u>samelt</u> sie Informationen.

Es <u>gipt</u> viele interessante Artikel.

<u>zum</u> Schluss speichert sie ihren Text.

2 Markiere die falsch geschriebenen Wörter.

Jeden Mittwoch get Frederik mit Leila schwimmen.

Das Bad ist ganz in der Nehe.

Sie treffen sich vor dem eingang.

Zuerst schwimen sie acht Bahnen.

danach rutschen Leila und Frederik.

Am Ende springen sie vom hoen Sprungturm.

Es sind 6 Fehler.

3 Welche Strategien helfen dir, die Wörter richtig zu schreiben?
Zeichne das passende Strategiesymbol über jedes falsch geschriebene Wort.

4 Schreibe den Text aus Aufgabe 2 richtig auf.

Überprüfe mit dem Wörterbuch.

Wörter mit ng und nk

1 Setze **ng** oder **nk** passend ein.

die Ba**nk**　　die Schla**ng**e　　der Ju**ng**e　　das Gesche**nk**

2 Wie heißt das Gegenteil? Suche Adjektive mit **ng** oder **nk**.

gesund　–　Krank　　　schnell　–　Langsam

satt　　–　hungrig　　　hell　　–　dunkel

kurz　　–　Lang　　　　alt　　　–　jung

> Überprüfe mit dem Wörterbuch.

3 Wähle vier Wörter mit **ng** oder **nk** aus Aufgabe 2. Schreibe Wortgruppen.

das kranke Kind, das junge Tier,
die Langsame Schnecke, das
lange Bein

4 Setze **ng** oder **nk** passend ein. Schreibe mit jedem Verb einen Satz.

fa**ng**en　　sche**nk**en　　bri**ng**en　　tri**nk**en

der Hund fängt seinen Schua
das Kind bringt Kuchen.
Ich Schenke mein Eis.
Ich trinke Wasser.

1. und 2. Vergangenheit

○ **1** Lies den Text. Markiere alle Verben.

In der Bücherei

Die Klassen 3a und 3b besuchen die Bücherei.

Die Bibliothekarin begrüßt alle Kinder.

Anschließend zeigt sie ihnen die Abteilungen.

Es gibt Bücher, Zeitschriften, CDs und DVDs.

Die Klasse hört ihr gespannt zu. Danach schauen sich alle leise um.

Am Ende der Besichtigung gehen die Kinder in Zweierreihen zurück in die Schule.

○ **2** In welcher Zeitform steht der Text aus Aufgabe 1? Kreuze an.

☐ 1. Vergangenheit   ☐ Gegenwart   ☐ 2. Vergangenheit

◐ **3** Schreibe den Text aus Aufgabe 1 in der 1. Vergangenheit auf. Markiere alle Verben.

_____

_____

_____

_____

_____

_____

● **4** Schreibe die Sätze aus Aufgabe 1 in der 2. Vergangenheit auf.
Markiere alle Verben. Du kannst auch mit dem Computer schreiben.

Eine E-Mail schreiben

1 Lies die E-Mail. Setze die Wortkarten richtig ein.

| Kinderbuchlesung | Liebe Klasse 3d | Klasse3d@Wald-Grundschule.de |

Senden ➢   Anhang 📎   ✕

Von: Olga@Lesepaten.de

An:

Betreff:

_____,

wie geht es euch?
Ich war letzte Woche bei einer Kinderbuchlesung.
Dort hat Marc-Uwe Kling aus seinem Buch „Der Tag, an dem die Oma das Internet
kaputt gemacht hat" vorgelesen. Ich fand es sehr lustig.
Hat schon jemand von euch das Buch gelesen oder kennt das Hörbuch?

Liebe Grüße
eure Lesepatin Olga

---

2 Ist die E-Mail in Aufgabe 1 vollständig? Hake ab ☑.

Checkliste für eine E-Mail:
– Empfänger ☐
– Thema in der Betreffzeile ☐
– Text ☐
– Anrede und Abschiedsgruß ☐

3 Kennst du die Zeichen eines E-Mail-Programms? Verbinde.

| senden | neue E-Mail schreiben | Dokument anhängen | löschen |

Über ein Buch schreiben

1 Lies Tims Buchtipp.

Mein Buchtipp

*Das Buch heißt „Der Tag, an dem die Oma das Internet kaputt gemacht hat"
und hat 62 Seiten. Es erschien 2018 im Carlsen Verlag.
In dieser Geschichte geht es um Tiffany, die auf ihre Oma aufpassen soll.
Ausgerechnet an dem Tag macht die Oma das Internet auf der ganzen Welt kaputt.
Ohne Internet funktioniert nichts mehr. Zuerst wissen alle nicht, was sie ohne
Internet tun sollen. Aber dann wird es doch ein toller Tag mit der ganzen Familie.
Das Buch hat mir gut gefallen.*

Tim

2 Ist Tims Buchtipp vollständig? Hake ab ☑.

Checkliste für einen Buchtipp:
– Titel ☐
– Autorin oder Autor und Illustratorin oder Illustrator ☐
– Verlag und Seitenanzahl des Buches ☐
– Vorstellung der Hauptfiguren ☐
– kurze Inhaltsangabe, die nicht zu viel verrät ☐
– Begründung, warum das Buch ausgewählt wurde ☐

3 Recherchiere die fehlenden Informationen und notiere sie.

4 Vergleicht eure Notizen in Aufgabe 3.

Ein Buch vorstellen

1 Suche dir ein Buch aus.
Sammle alle wichtigen Informationen
zu dem Buch. Notiere Stichwörter.

2 Hast du an alle wichtigen Informationen gedacht?
Kontrolliere mit der Checkliste
von Seite 77.

3 Male deine Lieblingsfigur
aus dem Buch.

1 Verlängere die Wörter. Setze **b/p**, **d/t** oder **g/k** richtig ein.

Im Urlaub erlau____t uns Mama länger aufzubleiben.

Natürlich hatten wir viele tolle Erle____nisse.

Einmal fuhren wir mit der Ber____bahn.

Wir haben viele Fotos gekni____st.

Leider wurde mir am Ende der Gel____beutel gestohlen.

2 Markiere die Fehler. Welche Strategie hilft dir?
Schreibe die Wörter richtig daneben.

	Strategie	Verbesserung
gehörn, spritzn, lachn		
Hant, goldik, ungesunt		
Sefte, lenger, Keufer		
jahreszeit, berg, geist		
Hoby, Taksi, Wase		

3 Suche Wörter mit **ng** und **nk**. Trage sie passend in die Tabelle ein.

	Nomen	Verb	Adjektiv
ng			
nk			

	☺	☺	😐	☹
1 Ich kann Wörter mit **b/p**, **d/t** und **g/k** richtig schreiben.				
2 Ich kann Rechtschreibstrategien nutzen, um Fehler zu verbessern.				
3 Ich kann Wörter mit **ng** und **nk** richtig schreiben.				

4 In welcher Zeitform steht der Satz? Kreuze an.

Ella und Melvin sind zur Schule gegangen.

☐ 1. Vergangenheit ☐ Gegenwart ☐ 2. Vergangenheit

5 Schreibe die Sätze in der 1. Vergangenheit auf.

Paula freut sich auf das Mittagessen. Es gibt Milchreis.

_____

_____

6 Schreibe die Sätze in der 2. Vergangenheit auf.

Pavel sucht Informationen im Internet. Er schreibt Stichwörter auf.

_____

_____

Tim liest ein neues Buch. Es ist sehr spannend.

_____

_____

_____

📑	😃	🙂	😐	🙁
4 Ich erkenne Zeitformen.				
5 Ich kann Sätze in der 1. Vergangenheit schreiben.				
6 Ich kann Sätze in der 2. Vergangenheit schreiben.				

Herbst: Zu einem Comic schreiben

○ **1** Sieh dir den Comic an. Was passiert?

◐ **2** Schreibe zu jedem Bild Stichwörter auf.

Bild 1: _____

_____

Bild 2: _____

_____

Bild 3: _____

_____

Bild 4: _____

_____

● **3** Überlege dir ein passendes Ende. Schreibe die Geschichte auf.

>> SB S. 142, 143

Winter: Ein Gedicht schreiben

1 Lies die beiden Gedichte und vergleiche.
Markiere die Unterschiede.

Zwei Bären gingen durch den Wald
Zwei Bären gingen durch den Wald,
Dezember war's und bitterkalt.
Da sprach der eine Zottelbär:
„Oh weh, mich friert es heute sehr!"
Der andre sprach: „Mir ist noch warm.
Komm her, wir gehen Arm in Arm.
Wir gehen beide dicht an dicht,
dann spürst auch du die Kälte nicht."
Zwei Bären gingen durch den Wald,
Dezember war's und bitterkalt.

Bernhard Lins

Zwei Weihnachtsmänner gingen durch die Stadt
Zwei Weihnachtsmänner gingen durch die Stadt,
Dezember war's und ziemlich glatt.
Da sprach der alte Weihnachtsmann:
„Auf Glatteis ich nicht laufen kann!"
Der jüngre sprach: „Schlag nicht Alarm!
Komm her, wir gehen Arm in Arm.
Wir gehen beide dicht an dicht,
dann merkst auch du die Glätte nicht."

Zwei _____ gingen durch _____ .

Dezember war's und ziemlich _____ .

Nino

2 Schreibe Ninos Gedicht zu Ende.

3 ✏️ Schreibe ein eigenes Gedicht mithilfe des Gedichtes von Bernhard Lins.
Du kannst auch mit dem Computer schreiben.

Frühling: Ein Gedicht schreiben

1 Lies die Gedichte. Welches gefällt dir am besten? Kreuze an.

☐ **Elfchen**

Rotkehlchen (1)
Es zwitschert (2)
Sitzt im Garten (3)
Kündigt den Frühling an (4)
Endlich (1)

☐ **Haiku**

Endlich draußen sein (5)

Blumenduft in der Nase (7)

Barfuß durch das Gras (5)

☐ **Akrostichon**

Hungrig
Umhersummen
Maiglöckchen
Margerite
Endlich
Landung

2 Ergänze das Frühlingsalphabet mit eigenen Wörtern.

Amsel, _____

Blütenpracht, _____

cool, _____

duftend, _____

endlich, _____

farbenfroh, _____

Glockenblume, _____

heiter, _____

Insekten, _____

Jungvogel, _____

Klee, _____

Löwenzahn, _____

Maiglöckchen, _____

nisten, _____

Osterhase, _____

Primel, _____

Quelle, _____

Rad fahren, _____

summen, _____

Tulpe, _____

unterwegs, _____

Veilchen, _____

wachsen, _____

fi**x**, _____

Hy**a**zinthe, _____

Zitronenfalter, _____

3 ✎ Schreibe ein eigenes Gedicht.
Nutze die Wörter aus dem Frühlingsalphabet.

Du kannst dein Gedicht
auf ein Schmuckblatt
schreiben.

>> SB S. 146, 147

Sommer: Die großen Ferien

1 Was planst du in den Sommerferien?
Schreibe Sätze mithilfe der Wörter.

Strand Fahrrad wandern Natur spielen

lesen Wetter Eis schwimmen Ausflug

Meer Buch Freibad reisen fliegen

2 Welches Foto wünschst du dir in den Sommerferien? Male.
Schreibe eine kurze Textnachricht dazu.

Nomen: **Nomen** bezeichnen Menschen, Tiere, Pflanzen oder Dinge. Wir schreiben sie groß. Auch Wörter, die Gefühle oder Gedanken bezeichnen, sind Nomen: *der Schmerz, das Glück, ...* Nomen können in der Einzahl oder in der Mehrzahl stehen.

Zusammengesetzte Nomen setzen sich aus einem Bestimmungswort und einem Grundwort zusammen. Das Bestimmungswort beschreibt das Grundwort genauer. Der Artikel richtet sich immer nach dem Grundwort.

die Hand　　+　*der Ball*　　=　　*der Handball*

Bestimmungswort　　　Grundwort

Manchmal fällt ein Buchstabe weg: das Schul(e)ende oder es werden Fugenelemente eingefügt: *das Wochenende, das Ausflugsziel.*

Artikel: Nomen werden von einem **bestimmten Artikel** oder einem **unbestimmten Artikel** begleitet: *der – ein, die – eine, das – ein.*

Pronomen: Die Wörter **ich**, **du**, **er/sie/es**, **wir**, **ihr**, **sie** sind Pronomen. Sie können Nomen ersetzen: ***Der Junge*** *sieht einen Film.* ***Er*** *sieht einen Film.*

Verben: Wörter, die sagen, was Personen, Tiere, Pflanzen und Dinge tun, heißen **Verben**. Verben stehen in der **Grundform**: *spielen* oder in der **Personalform**: *ich spiele, du spielst, er/sie/es spielt, wir spielen, ihr spielt, sie spielen.*

Zeitformen: Verben geben an, in welcher Zeit etwas geschieht. Wenn etwas jetzt passiert, steht das Verb in der **Gegenwart**: *sie schlendert.*

Passierte etwas früher, steht das Verb in der **1. Vergangenheit**: *sie schlenderte.* Bei manchen Verben verändert sich in der 1. Vergangenheit auch der Wortstamm: *schreiben – ich schrieb, wir schrieben.*

Die **2. Vergangenheit** benutzen wir meist beim mündlichen Erzählen eines Erlebnisses. Sie wird mit den Hilfsverben **haben** oder **sein** gebildet: *Ich* **sammle** *Kröten. – Ich* **habe** *Kröten* **gesammelt.** *Die Kröten* **springen** *weit. – Die Kröten* **sind** *weit* **gesprungen.**

Adjektive: **Adjektive** beschreiben, wie etwas ist oder aussieht.
Wenn Adjektive vor Nomen stehen, verändert sich ihre Endung: *alt – die alten Tiere,*
braun – der braune Hund.

Adjektive können wir steigern. Es gibt drei **Vergleichsstufen**:

Grundform	1. Vergleichsstufe	2. Vergleichsstufe
schön	*schöner*	*am schönsten*

Mit Adjektiven können wir vergleichen. Wenn etwas **gleich** ist, wird es mit
den Vergleichswörtern **so ... wie** beschrieben. Wir verwenden die Grundform:
*Ich bin **so** groß **wie** du.*
Wenn etwas **unterschiedlich** ist, wird es mit dem Vergleichswort **als**
beschrieben. Wir verwenden die 1. Vergleichsstufe: *Du bist größer **als** ich.*

Wortfamilie: Wörter mit gleichem oder ähnlichem Wortstamm gehören
zu einer **Wortfamilie**: *lesen, Lesebuch, vorlesen, Lesung, ...*

Satzarten und Satzzeichen: Am Satzanfang schreibe ich immer groß.
Am Ende eines **Aussagesatzes** steht ein **Punkt**: *Lilo putzt die Tafel.*
Am Ende eines **Fragesatzes** steht ein **Fragezeichen**: *Wer putzt die Tafel?*
Nach einem **Ausruf** oder **Aufforderungssatz** steht ein **Ausrufezeichen**:
Toll! Putz endlich die Tafel!

Wörtliche Rede: Was jemand sagt, heißt **wörtliche Rede**. Der **Redebegleitsatz**
sagt uns, wer etwas sagt und wie es gesagt wird. Die wörtliche Rede steht zwischen
Anführungszeichen. Nach dem Redebegleitsatz steht ein Doppelpunkt.
Lotte sagt: „*Ich gehe zum Sportunterricht.*"
Redebegleitsatz Doppelpunkt Anführungszeichen wörtliche Rede Anführungszeichen

Satzglieder: Ein Satz besteht aus **Satzgliedern**. Ein Satzglied besteht aus einem
oder mehreren Wörtern. Satzglieder können wir umstellen, die Wörter innerhalb eines
Satzgliedes nicht: *Paul / kocht / eine Suppe. – Kocht / Paul / eine Suppe?*

Subjekt: Mit der Frage **Wer oder was ...?** finden wir das **Subjekt** in einem Satz.
Karla beobachtet die Enten. – Wer oder was beobachtet Enten?

Prädikat: Mit den Fragen **Was tut ...?** oder **Was passiert?** finden wir das **Prädikat**
(Satzkern) in einem Satz. *Timo singt ein Lied. – Was tut Timo?*
Ein Prädikat kann auch aus zweiteiligem Verb bestehen: *Lia ruft Oma an. – anrufen*

A a

der **Abend**, die Aben|de
aber
die **Ach|tung**
ähn|lich, ähn|li|cher,
am ähn|lichs|ten
alt, äl|ter, am äl|tes|ten
der **An|fang**, die An|fän|ge
die **Angst**, die Ängs|te
ängst|lich, ängst|li|cher,
am ängst|lichs|ten
der **Ap|fel**, die Äp|fel
die **Ar|beit**, die Ar|bei|ten
ar|bei|ten, er ar|bei|tet,
er ar|bei|te|te,
er hat ge|ar|bei|tet
der **Är|ger**
är|ger|lich, är|ger|li|cher,
am är|ger|lichs|ten
är|gern,
ich är|ge|re mich,
ich är|ger|te mich,
ich ha|be mich ge|är|gert
der **Arzt**, die Ärz|te
die **Ärz|tin**, die Ärz|tin|nen
der **Ast**, die Äs|te
auf|merk|sam,
auf|merk|sa|mer,
am auf|merk|sams|ten
die **Auf|merk|sam|keit**,
die Auf|merk|sam|kei|ten
auf|räu|men,
ich räu|me auf,
ich räum|te auf,
ich ha|be auf|ge|räumt
auf|set|zen, sie setzt auf,
sie setz|te auf,
sie hat auf|ge|setzt
au|ßer
der **Aus|flug**, die Ausflüge

B b

ba|cken, er bäckt,
er back|te,
er hat ge|ba|cken
der **Bä|cker**, die Bä|cker

die **Bä|cke|rin**,
die Bä|cke|rin|nen
das **Bad**, die Bä|der
ba|den, sie ba|det,
sie ba|de|te,
sie hat ge|ba|det
die **Bahn**, die Bah|nen
der **Ball**, die Bäl|le
das **Band**, die Bän|der
die **Bank**, die Bän|ke
der **Bauch**, die Bäu|che
bau|en, sie baut,
sie bau|te,
sie hat ge|baut
der **Bau|er**, die Bau|ern
der **Baum**, die Bäu|me
die **Bee|re**, die Bee|ren
das **Beet**, die Bee|te
be|geg|nen,
ich be|geg|ne ihr,
ich be|geg|ne|te ihr,
ich bin ihr be|geg|net
das **Be|hält|nis**,
die Be|hält|nis|se
bei|ßen, sie beißt,
sie biss, sie hat ge|bis|sen
das **Bei|spiel**, die Bei|spie|le
be|loh|nen, sie be|lohnt,
sie be|lohn|te,
sie hat be|lohnt
die **Be|loh|nung**,
die Be|loh|nun|gen
be|ob|ach|ten,
ich be|ob|ach|te,
ich be|ob|ach|te|te,
ich ha|be be|ob|ach|tet
be|quem, be|que|mer,
am be|quems|ten
der **Berg**, die Ber|ge
der **Be|richt**, die Be|rich|te
be|rich|ten, er be|rich|tet,
er be|rich|te|te,
er hat be|rich|tet
be|stim|men,
sie be|stimmt,
sie be|stimm|te,
sie hat be|stimmt

be|su|chen, ihr be|sucht,
ihr be|such|tet,
ihr habt be|sucht
das **Bett**, die Bet|ten
bie|gen, es biegt,
es bog, es hat ge|bo|gen
die **Bie|ne**, die Bie|nen
das **Bild**, die Bil|der
bis
biss|chen
bit|ten, ihr bit|tet,
ihr ba|tet,
ihr habt ge|be|ten
das **Blatt**, die Blät|ter
blei|ben, er bleibt,
er blieb, er ist ge|blie|ben
der **Blick**, die Bli|cke
blin|ken, es blinkt,
es blink|te,
es hat ge|blinkt
der **Blitz**, die Blit|ze
blit|zen, es blitzt,
es blitz|te, es hat ge|blitzt
der **Block**, die Blö|cke
blond, blon|der,
am blon|des|ten
bloß
blü|hen, sie blüht,
sie blüh|te,
sie hat ge|blüht
die **Blu|me**, die Blu|men
die **Blü|te**, die Blü|ten
der **Bo|den**, die Bö|den
boh|ren, sie bohrt,
sie bohr|te,
sie hat ge|bohrt
das **Boot**, die Boo|te
bo|xen, sie boxt,
sie box|te, sie hat ge|boxt
der **Brand**, die Brän|de
bren|nen, es brennt,
es brann|te,
es hat ge|brannt
der **Brief**, die Brie|fe
der **Brief|kas|ten**,
die Brief|käs|ten
die **Bril|le**, die Bril|len

brin|gen, er bringt,
er brach|te,
er hat ge|bracht
das **Brot**, die Bro|te
die **Brü|cke**, die Brü|cken
das **Buch**, die Bü|cher
bunt, bun|ter,
am bun|tes|ten

C c

der **Clown**, die Clowns
der **Co|mic**, die Co|mics
der **Com|pu|ter**,
die Com|pu|ter

D d

der **Dachs**, die Dach|se
da|nach
die **Dank|bar|keit**
dan|ken, er dankt,
er dank|te,
er hat ge|dankt
dann
die **De|cke**, die De|cken
den|ken, du den|kst,
du dach|test,
du hast ge|dacht
denn
Deutsch|land
dick, di|cker,
am dicks|ten
der **Dieb**, die Die|be
das **Ding**, die Din|ge
der **Dra|che**, die Dra|chen
drau|ßen
dre|ckig, dre|cki|ger,
am dre|ckigs|ten
dre|hen, sie dreht,
sie dreh|te,
sie hat ge|dreht
dro|hen, er droht,
er droh|te,
er hat ge|droht
dumm, düm|mer,
am dümms|ten
die **Dumm|heit**,
die Dumm|hei|ten

dun|kel, dunk|ler,
am dun|kels|ten
die **Dun|kel|heit**,
die Dun|kel|hei|ten
dünn, dün|ner,
am dünns|ten
dür|fen, sie darf,
sie durf|te,
sie hat ge|durft
durs|tig, durs|ti|ger,
am durs|tigs|ten

E e

die **Ecke**, die Ecken
eckig, ecki|ger,
am eckigs|ten
ehr|lich, ehr|li|cher,
am ehr|lichs|ten
die **Ehr|lich|keit**
die **Ei|dech|se**,
die Ei|dech|sen
ei|lig, ei|li|ger,
am ei|ligs|ten
das **Eis**
ei|sig, ei|si|ger,
am ei|sigs|ten
die **E-Mail**, die E-Mails
emp|find|lich,
emp|find|li|cher,
am emp|find|lichs|ten
end|lich
eng, en|ger, am engs|ten
ent|de|cken,
ich ent|de|cke,
ich ent|deck|te,
ich ha|be ent|deckt
die **Er|de**
die **Erd|bee|re**,
die Erd|bee|ren
der **Er|folg**, die Er|fol|ge
das **Er|geb|nis**,
die Er|geb|nis|se
er|klä|ren, ich er|klä|re,
ich er|klär|te,
ich ha|be er|klärt
die **Er|klä|rung**,
die Er|klä|run|gen

er|lau|ben, er er|laubt,
er er|laub|te, er hat
er|laubt
die **Er|laub|nis**,
die Er|laub|nis|se
er|le|ben, sie er|lebt,
sie er|leb|te,
sie hat er|lebt
das **Er|leb|nis**,
die Er|leb|nis|se
er|zäh|len, ihr er|zählt,
ihr er|zähl|tet,
ihr habt er|zählt
die **Er|zäh|lung**,
die Er|zäh|lun|gen
es|sen, er isst, er aß,
er hat ge|ges|sen
et|was
Eu|ro|pa

F f

die **Fah|ne**, die Fah|nen
fah|ren, sie fährt,
sie fuhr,
sie ist ge|fah|ren
das **Fahr|rad**, die Fahr|rä|der
fal|len, es fällt, es fiel,
es ist ge|fal|len
die **Fa|mi|lie**, die Fa|mi|li|en
fan|gen, er fängt, er fing,
er hat ge|fan|gen
fan|tas|tisch,
fan|tas|ti|scher,
am fan|tas|tischs|ten
die **Far|be**, die Far|ben
fär|ben, er färbt,
er färb|te, er hat ge|färbt
die **Fee**, die Fe|en
der **Feh|ler**, die Feh|ler
fei|ern, er fei|ert,
er fei|er|te,
er hat ge|fei|ert
das **Feld**, die Fel|der
die **Fe|ri|en**
fett, fet|ter,
am fet|tes|ten

fet|tig, fet|ti|ger,
am fet|tigs|ten
feucht, feuch|ter,
am feuch|tes|ten
fin|den, er fin|det,
er fand,
er hat ge|fun|den
der **Fin|ger**, die Fin|ger
der **Fisch**, die Fi|sche
die **Fla|sche**, die Fla|schen
fle|ckig, fle|cki|ger,
am fle|ckigs|ten
der **Fleiß**
flei|ßig, flei|ßi|ger,
am flei|ßigs|ten
die **Flie|ge**, die Flie|gen
flie|gen, er fliegt, er flog,
er ist ge|flo|gen
flie|hen, ich flie|he,
ich floh,
ich bin ge|flo|hen
flie|ßen, es fließt,
es floss, es ist ge|flos|sen
das **Floß**, die Flö|ße
der **Fluss**, die Flüs|se
flüs|sig, flüs|si|ger,
am flüs|sigs|ten
die **Flüs|sig|keit**,
die Flüs|sig|kei|ten
fra|gen, sie fragt,
sie frag|te,
sie hat ge|fragt
die **Frei|heit**, die Frei|hei|ten
fremd, frem|der,
am frem|des|ten
fres|sen, es frisst, es fraß,
es hat ge|fres|sen
die **Freu|de**, die Freu|den
freu|en, du freust dich,
du freu|test dich,
du hast dich ge|freut
der **Freund**, die Freun|de
die **Freun|din**,
die Freun|din|nen
freund|lich,
freund|li|cher,
am freund|lichs|ten

der **Frie|den**
frie|ren, ich frie|re,
ich fror,
ich ha|be ge|fro|ren
froh
fröh|lich, fröh|li|cher,
am fröh|lichs|ten
die **Frucht**, die Früch|te
früh, frü|her,
am frü|hes|ten
der **Fuchs**, die Füch|se
füh|len, er fühlt,
er fühl|te, er hat ge|fühlt
der **Fuß**, die Fü|ße
der **Fuß|ball**, die Fuß|bäl|le

G g

ganz
der **Gar|ten**, die Gär|ten
das **Ge|bäu|de**,
die Ge|bäu|de
ge|ben, sie gibt, sie gab,
sie hat ge|ge|ben
der **Ge|burts|tag**,
die Ge|burts|ta|ge
die **Ge|fahr**, die Ge|fah|ren
ge|fähr|lich,
ge|fähr|li|cher,
am ge|fähr|lichs|ten
ge|gen
das **Ge|heim|nis**,
die Ge|heim|nis|se
ge|hen, er geht, er ging,
er ist ge|gan|gen
ge|hö|ren, es ge|hört,
es ge|hör|te,
es hat ge|hört
das **Ge|län|der**, die Ge|län|der
gelb
das **Geld**, die Gel|der
ge|nau
ge|ra|de
das **Ge|räusch**,
die Ge|räu|sche
das **Ge|schenk**,
die Ge|schen|ke

die **Ge|schich|te**,
die Ge|schich|ten
das **Ge|sicht**, die Ge|sich|ter
ge|sund, ge|sün|der,
am ge|sün|des|ten
das **Ge|wächs**,
die Ge|wäch|se
das **Ge|weih**, die Ge|wei|he
das **Ge|würz**, die Ge|wür|ze
gie|ßen, sie gießt, sie
goss, sie hat ge|gos|sen
gif|tig, gif|ti|ger,
am gif|tigs|ten
glän|zen, es glänzt,
es glänz|te,
es hat ge|glänzt
glatt, glat|ter,
am glat|tes|ten
gleich
das **Glück**
glück|lich, glück|li|cher,
am glück|lichs|ten
glü|hen, es glüht,
es glüh|te,
es hat ge|glüht
das **Gras**, die Grä|ser
grob, grö|ber,
am gröbs|ten
groß, grö|ßer,
am größ|ten
die **Groß|el|tern**
der **Gruß**, die Grü|ße
gu|cken, sie guckt,
sie guck|te,
sie hat ge|guckt
die **Gur|ke**, die Gur|ken
gut, bes|ser,
am bes|ten

H h

das **Haar**, die Haa|re
ha|ben, ich ha|be,
ich hat|te,
ich ha|be ge|habt
der **Hahn**, die Häh|ne
hal|ten, er hält, er hielt,
er hat ge|hal|ten

89

die **Hand**, die Hän|de
das **Han|dy**, die Han|dys
   hart, här|ter,
   am här|tes|ten
das **Haus**, die Häu|ser
   häu|fig
die **Heim|lich|keit**,
   die Heim|lich|kei|ten
   heiß, hei|ßer,
   am hei|ßes|ten
   hei|ßen, er heißt, er hieß,
   er hat ge|hei|ßen
die **Hei|zung**, die Hei|zun|gen
   hel|fen, du hilfst,
   du halfst,
   du hast ge|hol|fen
   hell, hel|ler, am hells|ten
   herr|lich, herr|li|cher,
   am herr|lichs|ten
das **Herz**, die Her|zen
   herz|lich, herz|li|cher,
   am herz|lichs|ten
   heu|te
die **He|xe**, die He|xen
   hier
die **Hit|ze**
   hoch, hö|her,
   am höchs|ten
   hof|fent|lich
die **Höh|le**, die Höh|len
   hö|ren, du hörst,
   du hör|test,
   du hast ge|hört
der **Ho|nig**, die Ho|ni|ge
   hübsch, hüb|scher,
   am hüb|sches|ten
der **Hund**, die Hun|de
der **Hun|ger**
   hung|rig, hung|ri|ger,
   am hung|rigs|ten
   hu|pen, er hupt,
   er hup|te, er hat ge|hupt
   hüp|fen, ihr hüpft,
   ihr hüpf|tet,
   ihr seid ge|hüpft

I i

die **Idee**, die Ide|en
   ihm, ihn, ih|nen
   ihr, ih|re, ih|rem, ih|ren
   im
   im|mer
der **Im|ker**, die Im|ker
   in
die **In|for|ma|ti|on**,
   die In|for|ma|tio|nen
das **In|ter|net**
das **In|ter|view**,
   die In|ter|views

J j

die **Ja|cke**, die Ja|cken
   ja|gen, sie jagt, sie jag|te,
   sie hat ge|jagt
das **Jahr**, die Jah|re
   je|de, je|dem, je|den,
   je|der
   jung, jün|ger,
   am jüngs|ten
der **Jun|ge**, die Jun|gen

K k

der **Kä|fer**, die Kä|fer
der **Kä|fig**, die Kä|fi|ge
das **Kalb**, die Käl|ber
   kalt, käl|ter,
   am käl|tes|ten
die **Käl|te**
das **Ka|mel**, die Ka|me|le
die **Kat|ze**, die Kat|zen
die **Kaul|quap|pe**,
   die Kaul|quap|pen
der **Keks**, die Kek|se
   ken|nen, sie kennt,
   sie kann|te,
   sie hat ge|kannt
das **Kind**, die Kin|der
die **Kis|te**, die Kis|ten
   kit|zeln, er kit|zelt,
   er kit|zel|te,
   er hat ge|kit|zelt
die **Klas|se**, die Klas|sen

der **Klee**
das **Kleid**, die Klei|der
   klein, klei|ner,
   am kleins|ten
   klet|tern, sie klet|tert,
   sie klet|ter|te,
   sie ist ge|klet|tert
   klop|fen, es klopft,
   es klopf|te, es hat
   ge|klopft
   klug, klü|ger,
   am klügs|ten
   ko|chen, er kocht,
   er koch|te,
   er hat ge|kocht
   kom|men, ich kom|me,
   ich kam,
   ich bin ge|kom|men
der **Kö|nig**, die Kö|ni|ge
die **Kö|ni|gin**,
   die Kö|ni|gin|nen
   kön|nen, er kann,
   er konn|te,
   er hat ge|konnt
   köst|lich, köst|li|cher,
   am köst|lichs|ten
der **Kopf**, die Köp|fe
der **Korb**, die Kör|be
der **Kör|per**, die Kör|per
   krab|beln, sie krab|belt,
   sie krab|bel|te,
   sie ist ge|krab|belt
die **Kraft**, die Kräf|te
   kräf|tig, kräf|ti|ger,
   am kräf|tigs|ten
   krank, krän|ker,
   am kränks|ten
   krat|zen, sie kratzt,
   sie kratz|te,
   sie hat ge|kratzt
das **Kreuz**, die Kreu|ze
die **Kreu|zung**,
   die Kreu|zun|gen
   krie|chen, es kriecht,
   es kroch,
   es ist ge|kro|chen
der **Krieg**, die Krie|ge

krie|gen, ihr kriegt,
ihr krieg|tet,
ihr habt ge|kriegt
das Kro|ko|dil, die Kro|ko|di|le
die Krö|te, die Krö|ten
der Ku|chen, die Ku|chen
kühl, küh|ler,
am kühls|ten
die Kuh, die Kü|he
kurz, kür|zer,
am kür|zes|ten
der Kuss, die Küs|se

L l

la|chen, du lachst,
du lach|test,
du hast ge|lacht
der Lachs, die Lach|se
lahm, lah|mer,
am lahms|ten
das Land, die Län|der
lang, län|ger,
am längs|ten
lang|sam, lang|sa|mer,
am lang|sams|ten
lang|wei|lig,
lang|wei|li|ger,
am lang|wei|ligs|ten
las|sen, er lässt, er ließ,
er hat ge|las|sen
das Laub
lau|fen, sie läuft, sie lief,
sie ist ge|lau|fen
laut, lau|ter,
am lau|tes|ten
le|ben, es lebt, es leb|te,
es hat ge|lebt
le|cker, le|cke|rer,
am le|ckers|ten
leer
le|gen, ihr legt,
ihr leg|tet,
ihr habt ge|legt
der Leh|rer, die Leh|rer
die Leh|re|rin,
die Leh|re|rin|nen

leicht, leich|ter,
am leich|tes|ten
ler|nen, du lernst,
du lern|test, du hast
ge|lernt
le|sen, er liest, er las,
er hat ge|le|sen
die Le|sung, die Le|sun|gen
leuch|ten, es leuch|tet,
es leuch|te|te,
es hat ge|leuch|tet
das Le|xi|kon, die Le|xi|ka
das Licht, die Lich|ter
lieb, lie|ber, am liebs|ten
lie|ben, ich lie|be,
ich lieb|te,
ich ha|be ge|liebt
das Lied, die Lie|der
lie|gen, sie liegt, sie lag,
sie hat ge|le|gen
das Li|ne|al, die Li|ne|ale
links
die Luft, die Lüf|te
lus|tig, lus|ti|ger,
am lus|tigs|ten

M m

ma|chen, er macht,
er mach|te,
er hat ge|macht
ma|len, er malt,
er mal|te, er hat ge|malt
das Mäd|chen, die Mäd|chen
manch|mal
der Mann, die Män|ner
das Mär|chen, die Mär|chen
die Ma|schi|ne,
die Ma|schi|nen
die Maus, die Mäu|se
das Me|di|um, die Me|di|en
das Meer, die Mee|re
mehr
mes|sen, er misst,
er maß,
er hat ge|mes|sen
das Mes|ser, die Mes|ser

das Mi|kros|kop,
die Mi|kros|ko|pe
mit|neh|men,
ich neh|me mit,
ich nahm mit, ich
ha|be mit|ge|nom|men
der Mit|tag, die Mit|ta|ge
mi|xen, sie mixt,
sie mix|te, sie hat ge|mixt
das Moos, die Moo|se
die Müh|le, die Müh|len
der Müll
der Mund, die Mün|der
die Mu|sik, die Mu|si|ken
müs|sen, er muss,
er muss|te,
er hat ge|musst
der Mut
mu|tig, mu|ti|ger,
am mu|tigs|ten
die Mut|ter, die Müt|ter
die Müt|ze, die Müt|zen

N n

die Nacht, die Näch|te
nah, nä|her,
am nächs|ten
die Nä|he
nä|hen, ich nä|he,
ich näh|te,
ich ha|be ge|näht
nass, nas|ser,
am nas|ses|ten
neh|men, sie nimmt,
sie nahm,
sie hat ge|nom|men
neu, neu|er,
am neu|es|ten
neu|gie|rig,
neu|gie|ri|ger,
am neu|gie|rigs|ten
nicht
nichts
nie
nie|mals

O o

oben
der **Och|se**, die Och|sen
of|fen
öff|nen, du öff|nest,
du öff|ne|test,
du hast ge|öff|net
oft
oh|ne
das **Ohr**, die Oh|ren
der **On|kel**, die On|kel
or|dent|lich,
or|dent|li|cher,
am or|dent|lichs|ten
die **Ord|nung**,
die Ord|nun|gen

P p

paar
das **Paar**, die Paa|re
pa|cken, er packt,
er pack|te,
er hat ge|packt
die **Pau|se**, die Pau|sen
der **Pfad**, die Pfa|de
die **Pfan|ne**, die Pfan|nen
das **Pferd**, die Pfer|de
die **Pflan|ze**, die Pflan|zen
pflan|zen, ihr pflanzt,
ihr pflanz|tet,
ihr habt ge|pflanzt
die **Pfei|fe**, die Pfei|fen
das **Pflas|ter**, die Pflas|ter
die **Pfüt|ze**, die Pfüt|zen
der **Pilz**, die Pil|ze
der **Platz**, die Plät|ze
das **Plätz|chen**,
die Plätz|chen
plötz|lich
der **Punkt**, die Punk|te
pünkt|lich, pünkt|li|cher,
am pünkt|lichs|ten
die **Pup|pe**, die Pup|pen
put|zen, ich put|ze,
ich putz|te,
ich ha|be ge|putzt

Q q

das **Qua|drat**, die Qua|dra|te
qua|ken, es quakt,
es quak|te,
es hat ge|quakt
die **Qual**, die Qua|len
quä|len, er quält,
er quäl|te, er hat ge|quält
die **Qual|le**, die Qual|len
der **Qualm**
das **Quar|tett**, die Quar|tet|te
die **Quel|le**, die Quel|len
quer
die **Quer|flö|te**,
die Quer|flö|ten
der **Quirl**, die Quir|le
das **Quiz**, die Quiz

R r

das **Rad**, die Rä|der
ra|ten, sie rät, sie riet,
sie hat ge|ra|ten
das **Rät|sel**, die Rät|sel
der **Räu|ber**, die Räu|ber
der **Raum**, die Räu|me
die **Rau|pe**, die Rau|pen
rech|nen, er rech|net,
er rech|ne|te,
er hat ge|rech|net
das **Re|gal**, die Re|ga|le
reg|nen, es reg|net,
es reg|ne|te,
es hat ge|reg|net
das **Reh**, die Re|he
reich, rei|cher,
am reichs|ten
rei|sen, sie reist,
sie reis|te, sie ist ge|reist
rei|ten, ich rei|te, ich ritt,
ich bin ge|rit|ten
ren|nen, er rennt,
er rann|te, er ist ge|rannt
ret|ten, sie ret|tet,
sie ret|te|te,
sie hat ge|ret|tet
die **Ret|tung**, die Ret|tun|gen

rich|tig
rie|chen, es riecht,
es roch, es hat ge|ro|chen
der **Rol|ler**, die Rol|ler
ru|fen, er ruft, er rief,
er hat ge|ru|fen
die **Ru|he**
ru|hig, ru|hi|ger,
am ru|higs|ten
rund, run|der,
am run|des|ten

S s

der **Saal**, die Sä|le
die **Saat**, die Saa|ten
der **Saft**, die Säf|te
saf|tig, saf|ti|ger,
am saf|tigs|ten
sa|gen, er sagt,
er sag|te,
er hat ge|sagt
der **Sa|lat**, die Sa|la|te
das **Salz**, die Sal|ze
sam|meln, er samm|elt,
er sam|mel|te,
er hat ge|sam|melt
die **Samm|lung**,
die Samm|lun|gen
der **Satz**, die Sät|ze
sau|ber, sau|be|rer,
am sau|bers|ten
die **Sau|ber|keit**
der **Scha|den**, die Schä|den
schäd|lich, schäd|li|cher,
am schäd|lichs|ten
das **Schaf**, die Scha|fe
scharf, schär|fer,
am schärfs|ten
der **Schat|ten**, die Schat|ten
schau|en, er schaut,
sie schau|te,
er hat ge|schaut
schau|keln,
sie schau|kelt,
sie schau|kel|te,
sie hat ge|schau|kelt

schen|ken, ich schen|ke,
ich schenk|te,
ich ha|be ge|schenkt
schie|ben, er schiebt,
er schob,
er hat ge|scho|ben
schlau, schlau|er,
am schlau|es|ten
schlecht, schlech|ter,
am schlech|tes|ten
schlen|dern,
ich schlen|de|re,
ich schlen|der|te,
ich bin ge|schlen|dert
schließ|lich
schlimm, schlim|mer,
am schlimms|ten
der Schlüs|sel, die Schlüs|sel
schme|cken,
es schmeckt,
es schmeck|te,
es hat ge|schmeckt
der Schmet|ter|ling,
die Schmet|ter|lin|ge
der Schmutz
schmut|zig,
schmut|zi|ger,
am schmut|zigs|ten
die Schne|cke,
die Schne|cken
der Schnee
schnell, schnel|ler,
am schnells|ten
schön, schö|ner,
am schöns|ten
die Schön|heit,
die Schön|hei|ten
schon
der Schrank, die Schrän|ke
der Schreck, die Schre|cken
schreck|lich,
schreck|li|cher,
am schreck|lichs|ten
schrei|ben, sie schreibt,
sie schrieb,
sie hat ge|schrie|ben
der Schuh, die Schu|he

schüt|zen, ihr schützt,
ihr schütz|tet,
ihr habt ge|schützt
schwach, schwä|cher,
am schwächs|ten
schwarz
schwei|gen, er schweigt,
er schwieg,
er hat ge|schwie|gen
schwer, schwe|rer,
am schwers|ten
das Schwert, die Schwer|ter
die Schwes|ter,
die Schwes|tern
schwie|rig, schwie|ri|ger,
am schwie|rigs|ten
schwim|men,
es schwimmt,
es schwamm,
es ist ge|schwom|men
sechs
der See, die Se|en
se|hen, er sieht, er sah,
er hat ge|se|hen
sehr
sein, ich bin, ich war,
ich bin ge|we|sen
seit
die Sei|te, die Sei|ten
die Si|cher|heit,
die Si|cher|hei|ten
sie
das Sieb, die Sie|be
der Sieg, die Sie|ge
sin|gen, er singt, er sang,
er hat ge|sun|gen
sit|zen, sie sitzt, sie saß,
sie hat ge|ses|sen
das Skate|board,
die Skate|boards
die So|cke, die So|cken
der Sohn, die Söh|ne
die Son|ne, die Son|nen
die So|ße, die So|ßen
span|nend,
span|nen|der,
am span|nends|ten

spa|ren, sie spart,
sie spar|te,
sie hat ge|spart
der Spaß, die Spä|ße
spät, spä|ter,
am spä|tes|ten
der Spie|gel, die Spie|gel
das Spiel, die Spie|le
spie|len, er spielt,
er spiel|te,
er hat ge|spielt
spitz, spit|zer,
am spit|zes|ten
die Spit|ze, die Spit|zen
der Sport
sport|lich, sport|li|cher,
am sport|lichs|ten
spre|chen, du sprichst,
du sprachst,
du hast ge|spro|chen
sprin|gen, du springst,
du sprangst,
du bist ge|sprun|gen
sprit|zen, er spritzt,
er spritz|te,
er hat ge|spritzt
die Spur, die Spu|ren
der Stab, die Stä|be
sta|che|lig, sta|che|li|ger,
am sta|che|ligs|ten
die Stadt, die Städ|te
stark, stär|ker,
am stärks|ten
die Stär|ke, die Stär|ken
der Staub, die Stäu|be
ste|cken, es steckt,
es steck|te,
es hat ge|steckt
ste|hen, sie steht,
sie stand,
sie hat ge|stan|den
stei|gen, er steigt,
er stieg,
er ist ge|stie|gen
steil, stei|ler,
am steils|ten
der Stein, die Stei|ne

stei|nig, stei|ni|ger,
am stei|nigs|ten
stel|len, ihr stellt,
ihr stell|tet,
ihr habt ge|stellt
still, stil|ler, am stills|ten
stim|men, es stimmt,
es stimm|te,
es hat ge|stimmt
stol|pern, ich stol|pe|re,
ich stol|per|te,
ich bin ge|stol|pert
sto|ßen, er stößt,
er stieß,
er hat ge|sto|ßen
die **Stra|ße**, die Stra|ßen
der **Strauß**, die Sträu|ße
die **Stre|cke**, die Stre|cken
der **Streit**, die Strei|te
strei|ten, er strei|tet,
er stritt,
er hat ge|strit|ten
stri|cken, er strickt,
er strick|te,
er hat ge|strickt
das **Stück**, die Stü|cke
der **Stuhl**, die Stüh|le
su|chen, ich su|che,
ich such|te,
ich ha|be ge|sucht
süß, sü|ßer,
am sü|ßes|ten
die **Sü|ßig|keit**,
die Sü|ßig|kei|ten

T t

die **Ta|fel**, die Ta|feln
der **Tag**, die Ta|ge
täg|lich
tan|ken, du tankst,
du tank|test,
du hast ge|tankt
tan|zen, ihr tanzt,
ihr tanz|tet,
ihr habt ge|tanzt
die **Ta|sche**, die Ta|schen

die **Tat|ze**, die Tat|zen
das **Ta|xi**, die Ta|xis
die **Tech|nik**, die Tech|ni|ken
der **Tee**, die Tees
die **Tem|pe|ra|tur**,
die Tem|pe|ra|tu|ren
teu|er, teu|rer,
am teu|ers|ten
der **Text**, die Tex|te
tief, tie|fer, am tiefs|ten
das **Tier**, die Tie|re
der **Ti|ger**, die Ti|ger
tip|pen, du tippst,
du tipp|test,
du hast ge|tippt
der **Tisch**, die Ti|sche
tra|gen, er trägt, er trug,
er hat ge|tra|gen
träu|men, ich träu|me,
ich träum|te,
ich ha|be ge|träumt
trau|rig, trau|ri|ger,
am trau|rigs|ten
tref|fen, sie trifft,
sie traf,
sie hat ge|trof|fen
treu, treu|er,
am treu|es|ten
tro|cken, tro|cke|ner,
am tro|ckens|ten
trüb, trü|ber,
am trübs|ten

U u

üben, ihr übt,
ihr üb|tet,
ihr habt ge|übt
über|que|ren,
sie über|quert,
sie über|quer|te,
sie hat über|quert
die **Uhr**, die Uh|ren
der **Ur|laub**, die Ur|lau|be

V v

die **Va|se**, die Va|sen
der **Va|ter**, die Vä|ter
die **Ver|an|stal|tung**,
die Ver|an|stal|tun|gen
die **Ver|än|de|rung**,
die Ver|än|de|run|gen
die **Ver|bes|se|rung**,
die Ver|bes|se|run|gen
ver|ges|sen, du ver|gisst,
du ver|gaßt,
du hast ver|ges|sen
ver|lie|ren, sie ver|liert,
sie ver|lor,
sie hat ver|lo|ren
ver|ste|cken,
sie ver|steckt,
sie ver|steck|te,
sie hat ver|steckt
ver|su|chen,
du ver|suchst,
du ver|such|test,
du hast ver|sucht
viel, mehr, am meis|ten
viel|leicht
vier
der **Vo|gel**, die Vö|gel
voll, vol|ler, am volls|ten
die **Vor|sicht**
vor|sich|tig,
vor|sich|ti|ger,
am vor|sich|tigs|ten

W w

die **Waa|ge**, die Waa|gen
wach|sen, er wächst,
er wuchs,
er ist ge|wach|sen
die **Wahl**, die Wah|len
wäh|len, du wählst,
du wähl|test,
du hast ge|wählt
wahr
die **Wahr|heit**,
die Wahr|hei|ten
der **Wald**, die Wäl|der

wan|dern, ich wan|de|re,
ich wan|der|te,
ich bin ge|wan|dert
wann
warm, wär|mer,
am wärms|ten
war|ten, er war|tet,
er war|te|te,
er hat ge|war|tet
wech|seln, sie wech|selt,
sie wech|sel|te,
sie hat ge|wech|selt
we|cken, du weckst,
du weck|test,
du hast ge|weckt
der **Weg**, die We|ge
wei|nen, er weint,
er wein|te,
er hat ge|weint
weiß
weit, wei|ter,
am wei|tes|ten
wel|che, wel|chem,
wel|chen
we|nig, we|ni|ger,
am we|nigs|ten
die **Welt**, die Wel|ten
wie
wie|der
die **Wie|se**, die Wie|sen

wild, wil|der,
am wil|des|ten
win|ken, er winkt,
er wink|te,
er hat ge|winkt
win|zig, win|zi|ger,
am win|zigs|ten
wis|sen, du weißt,
du wuss|test,
du hast ge|wusst
der **Witz**, die Wit|ze
wit|zig, wit|zi|ger,
am wit|zigs|ten
die **Wo|che**, die Wo|chen
woh|nen, ihr wohnt,
ihr wohn|tet,
ihr habt ge|wohnt
die **Woh|nung**,
die Woh|nun|gen
die **Wol|ke**, die Wol|ken
wol|len, er will, er woll|te,
er hat ge|wollt
wün|schen, er wünscht,
er wünsch|te,
er hat ge|wünscht
die **Wur|zel**, die Wur|zeln
die **Wut**
wü|tend, wü|ten|der,
am wü|tends|ten

Z z

zäh|len, sie zählt,
sie zähl|te,
sie hat ge|zählt
der **Zahn**, die Zäh|ne
der **Zaun**, die Zäu|ne
der **Zeh**, die Ze|hen
zehn
zei|gen, es zeigt,
es zeig|te,
es hat ge|zeigt
die **Zei|tung**, die Zei|tun|gen
das **Zeug|nis**, die Zeug|nis|se
zie|hen, es zieht, es zog,
es hat ge|zo|gen
zie|len, sie zielt, sie
ziel|te, sie hat ge|ziehlt
das **Zim|mer**, die Zim|mer
der **Zoo**, die Zoos
zu, zum, zur
der **Zu|fall**, die Zu|fäl|le
der **Zug**, die Zü|ge
zu|letzt
zu|rück
zu|sam|men
der **Zwerg**, die Zwer|ge
die **Zwie|bel**, die Zwie|beln
zwit|schern,
er zwit|schert,
er zwit|scher|te,
er hat ge|zwit|schert

Wenn du ein Wort hier nicht findest,
schlage im Wörterbuch nach.

Textquellennachweis

82.1 Lins, Bernhard: Zwei Bären gingen durch den Wald. Aus: Was der Winter alles macht. Herder Verlag, Freiburg 1989; **82.2** veränderte Version nach: Lins, Bernhard: Zwei Bären gingen durch den Wald. Aus: Was der Winter alles macht. Herder Verlag, Freiburg 1989

Bildquellennachweis

Ablang, Friederike, Berlin, **21.7**; **23.2**; **34.2**; **54.2**; Assies, Juliane, Berlin, **16.3**; **59.2**; Burghart-Vollhardt, Martina, Kamenz, **21.3**; **34.6**; **34.7**; **37.2**; **37.4**; **39.4**; **40.4**; **49.2**; **83.2**; Foto: Brigitte Stolle (privates Poesiealbum-Archiv), **29.2**; Fröhlich, Anke, Leipzig, **4.2**; **14.2**; **14.3**; **14.5**; **22.3**; **22.4**; **22.5**; **22.6**; **28.2**; **32.3**; **32.4**; **32.5**; **34.3**; **37.3**; **39.3**; **39.5**; **40.7**; **42.2**; **42.3**; **74.3**; Getty Images Plus, München (Kosolovskyy/iStock), **45.3**; Greune, Mascha, München, **19.2**; **21.4**; Großekettler, Friederike, Hameln, **U1.1**; Hagemann, Antje, Berlin, **59.3**; **59.4**; **59.5**; **59.6**; **59.7**; **59.8**; **59.9**; **59.10**; **59.11**; **59.12**; **59.13**; **59.14**; **59.15**; **59.16**; **59.17**; **59.18**; **59.19**; **59.20**; **59.21**; **59.22**; **59.23**; **59.24**; **59.25**; **59.26**; **59.27**; **59.28**; **59.29**; **59.30**; **59.31**; **59.32**; Hammen, Josef, Trierweiler, **74.5**; Hesselbarth, Susann, Leipzig, **3.4**; **81.1**; **82.1**; **83.1**; **84.1**; Hochmann, Carmen, Gütersloh, **9.3**; **17.5**; **57.2**; **83.5**; **84.3**; Hoppe-Engbring, Yvonne, Steinfurt, **82.2**; Junge, Alexandra, Freiburg, **83.3**; Kilian, Svetlana, Bonn, **50.3**; **95.2**; Kranenberg, Hendrik, Drolshagen, **2.1**; **2.2**; **2.3**; **2.4**; **2.5**; **3.1**; **3.2**; **3.3**; **4.1**; **5.1**; **6.1**; **7.1**; **8.1**; **8.2**; **9.1**; **9.2**; **10.1**; **11.1**; **12.1**; **13.1**; **13.3**; **14.1**; **14.6**; **15.1**; **16.1**; **17.1**; **17.2**; **17.3**; **17.4**; **17.6**; **17.7**; **17.8**; **18.1**; **19.1**; **20.1**; **20.2**; **21.1**; **21.6**; **22.1**; **22.2**; **23.1**; **24.1**; **24.2**; **25.1**; **25.2**; **26.1**; **26.2**; **27.1**; **28.1**; **29.1**; **30.1**; **31.1**; **32.1**; **33.1**; **33.6**; **34.1**; **35.1**; **36.1**; **37.1**; **38.1**; **38.2**; **39.1**; **39.2**; **40.1**; **40.5**; **40.6**; **41.1**; **42.1**; **43.1**; **44.1**; **45.1**; **46.1**; **46.2**; **47.1**; **48.1**; **49.1**; **50.1**; **51.1**; **51.2**; **51.3**; **52.1**; **53.1**; **54.1**; **55.1**; **56.1**; **57.1**; **58.1**; **59.1**; **60.1**; **60.2**; **61.1**; **61.2**; **62.1**; **63.1**; **64.1**; **65.1**; **66.1**; **67.1**; **68.1**; **68.2**; **69.1**; **70.1**; **70.2**; **71.1**; **71.2**; **72.1**; **73.1**; **74.1**; **75.1**; **75.2**; **76.1**; **76.2**; **77.1**; **78.1**; **79.1**; **80.1**; Lenz, Gudrun, Berlin, **15.2**; Miedzinski, Pawel, Kozieglowy/Polen, **62.4**; Ohlms, Ute, Braunschweig, **18.2**; **18.3**; **18.4**; **18.5**; **47.2**; **65.3**; **66.2**; **72.2**; **81.2**; **81.3**; **81.4**; **81.5**; **82.3**; **84.2**; Oser, Liliane, Hamburg, **14.4**; **32.2**; Ostadal, Manuela, München, **4.3**; **4.4**; **4.5**; **4.6**; **4.7**; **4.8**; **5.2**; **10.2**; **11.2**; **12.2**; **13.2**; **16.2**; **21.2**; **23.3**; **25.3**; **27.2**; **28.3**; **30.2**; **33.2**; **33.3**; **33.4**; **34.4**; **35.2**; **35.3**; **36.2**; **36.3**; **37.5**; **37.6**; **37.7**; **37.8**; **43.2**; **43.3**; **44.2**; **44.3**; **44.4**; **45.2**; **48.2**; **50.2**; **53.2**; **53.3**; **53.4**; **53.5**; **53.6**; **54.3**; **55.2**; **55.3**; **55.4**; **55.5**; **55.6**; **55.7**; **55.8**; **55.9**; **56.2**; **56.3**; **57.2**; **58.2**; **62.2**; **62.3**; **62.5**; **63.2**; **64.2**; **65.2**; **67.2**; **67.3**; **69.2**; **73.2**; **73.3**; **74.4**; **74.6**; **78.2**; **79.2**; **80.2**; **83.6**; Rau, Katja, Berglen, **7.2**; **40.2**; Reich, Bettina, Zwenkau/Leipzig, **21.4**; **74.2**; **83.4**; Schumann, Friederike, Berlin, **28.4**; **33.5**; stock.adobe.com, Dublin (creativenature.nl), **52.2**; Tina Vlachy, Berlin, **34.5**; Wechdorn, Susanne, Wien, **85.1**; **86.1**; **87.1**; **88.1**; **89.1**; **90.1**; **91.1**; **92.1**; **93.1**; **94.1**; **95.1**; Wolff, Steffen, Herzogenrath, **40.3**